A Busca dos Loucos

Fauno Mendonça

A Busca dos Loucos
Fauno Mendonça
2ª Edição

preparo de originais: Fauno Mendonça
diagramação e capa: Editora Motres
revisão: Guilherme Peixoto

CIP BRASIL – CATALOGAÇÃO NA PUBLICAÇÃO

M539a	MENDONÇA. Fauno, –
	A busca dos loucos/ Fauno Mendonça. 2ª edição / Brasília - DF. Edição do autor, 2019. 132 p.; 14,8 x 21cm
	ISBN 978-65-5001-017-1
	1. Literatura Brasileira 2. Psicologia 3. Sociedade I. Título.
CDD B869.93	CDU 155.2-869.9

Printed in Brazil

Aos eventuais leitores, faço um breve convite aos senhores para que fechem os seus olhos e adentrem no mundo invisível dos gritos do silêncio, no qual a vida é incandescente, mas iluminada por uma simples luz de vela. Convido a todos ao plano do paradoxo e das contradições fora da inércia linear das pessoas comuns. Nada será previsível e sustentável. As antíteses dos sonhos imiscuídos com os medos flutuarão e irão deixá-los cair em um abismo de fleuma e intensidade. Sejam descobertos no entorpecimento de "A Busca dos Loucos". Nem todos suportam sua própria escuridão!

O autor

PREFÁCIO

Existem dois tipos de livros: os que passam por nós e os que nos permitem passar por eles. Em "A Busca dos Loucos" o leitor está diante da segunda alternativa. A leitura, que começa despretensiosa, aos poucos vai se intensificando em dramaticidade até que o magnetismo da narrativa visceral do autor trata de aprisionar a atenção do leitor na mais sangrenta das batalhas: o indivíduo contra ele próprio. E mais não posso adiantar, a não ser a força do adversário, conhecedor profundo de nossos medos e fraquezas. Boa leitura. E surpreenda-se.

Ailton Marques de Lima

CAPÍTULO I

O impulso

Morte, maldita, incompreendida. Não sei se ela me perseguia, se o temor de seu pó me apavorava. No fundo, eu percebia que o medo não existia, mas estava tão ligado à vida que não gostaria de deixá-la assim tão facilmente. Sentia que a morte tinha existência real como a vida, pena que as pessoas não tenham tal noção. Todos lamentam a morte como um fim, entretanto ninguém questiona o próprio começo da vida como um fim de algo desconhecido. Ficam no mundo do presente, esquecem o anterior. Só há olhos para o sentido mais rude de tudo. O futuro nunca existiu, somente o passado e o presente têm existência concreta. Tudo segue o caminho retilíneo do absoluto. Talvez a morte não exista.

Há antes e depois do truculento, do trivial, um sentimento uno. O universo também é somente um todo; basta apenas visualizá-lo por formas diferentes, ângulos alternados, para ver que o absoluto é uma coisa só. As pessoas sempre pensam que a vida e a morte são coisas diversas. Pobres mortais, não veem o todo. Não creem no absoluto.

Tenho que confessar que desconsiderava a morte e isso talvez tenha posto a minha arrogância acima de minhas forças. Fosse como fosse, desafiava a maldita em todo momento, precisava daquilo. Nos momentos de pura ilusão e loucura, lembrava apenas das formas reais ao meu redor e ficava com remorso em deixá-las. Mas, não adiantava, buscava tudo. Queria tudo. Hormônios dos demônios me dominavam. Arriscava. A vida, a natureza, dava-me o que queria, mas tinha um preço: a morte.

Lutava para me controlar e quando estava calmo apenas pensava e criava dilemas. Pensamentos que sempre me conduziam a minha necessidade de vislumbrar algo desconhecido, minhas energias sempre eram canalizadas para o máximo, pois minha vida era reduzida ao nada. Não havia muito nexo. Um abismo existia e o fundo era aquilo que talvez pudesse me conduzir para a luz. Que paradoxo. Das trevas à luz. Queria muitas coisas, buscava de modo incessante e não achava, mas sabia que existia. Queria luz dia e noite. Não queria luz brilhante para cegar meus olhos e nem luz suficiente para arder minha pele. Queria apenas aquecer a minha alma pesada e afugentar os elementos da escuridão que ficavam ao meu redor me torturando incessantemente.

A compreensão da vida era minha busca sem fim, mas não sabia nem mesmo como a procurar. Era vazio demais para entender a vereda correta e isso me tornava um errante, sem forças para ter a possibilidade e a coragem de olhar para a verdadeira luz. Não tinha um caminho reto. Queria ser autossuficiente, mas diante do espelho só via um abismo escuro e profundo.

Será que alguém teve a benevolência de saber como é se sentir assim? Será que a compreensão verdadeira tem o mesmo significado para todos? Jamais alguém deveria passar por aquilo que eu sentia. Era muita opressão. Nem o pior dos algozes merecia tamanha dor. Precisava tentar experimentar a vida plena. Precisava fazer parte do absoluto.

Flores da morte, assim que eu via o risco. Guiavam-me dando força e alento, tentando superar o "normal". A beleza do desconhecido tomava conta de minha alma, precisava entregar-me. Sofria como um miserável dentro da mediocridade de tudo. Precisava de mais. Pedia, rogava para que me mostrassem a compreensão do sofrimento e da luz. Dilema da natureza que produzia em mim uma armadilha mortal. A busca de algo em detrimento de outra coisa. Uma contraprestação. Entregando para receber. O caminho que eu havia traçado tinha espinhos; rosas seriam apenas esporádicas.

Estava cansado. Cansado como sempre. Um cansaço insone que nunca me abandonava. Naquele dia caminhava sem rumo e a cidade sempre me acalentava, o ruído do mundo era o som de meus sonos. Mas não adiantava, só isso não resolvia nada. Continuava indo, lembrando-me de tudo e todos, mas naquele dia a entrega seria necessária.

Minhas forças já tinham dono. Não suportava a minha agônica existência trivial. O contrato de união do entendimento entre a vida e a morte estava selado. Fascinante era a busca da compreensão mesmo para aqueles que não conheciam seu caminho, mas ainda era a própria compreensão. Não sabia ao certo se a teria, mas acreditava. Tinha fé. Fora prometido a mim.

A vontade de viver intensamente e buscar aquilo que todos temem foi fatal para minha escolha. Aliás, a escolha dele. Sua voz maldita ou bendita sempre me perseguia, atormentava-me em sonhos e conturbava meus dias. Não tinha convicção se estava ficando louco e se ele realmente tinha vida como a minha. Poderíamos ser parecidos em nossas fragilidades. Poderíamos ter os mesmos vícios e virtudes ou apenas, talvez eu, fosse um predestinado, um escolhido para sentir o absoluto. Talvez simplesmente estivesse enlouquecido. Não entendia quase nada, mas sabia que a minha alma tinha um peso além de minhas forças. Não conseguiria continuar a arrastá-la por muito tempo. Precisava ficar livre da dor. Queria ser livre e me sentir solto, poder voar e me entregar para sempre.

Um simples impulso e tudo estaria resolvido, mas era tão fácil. O medo é aquele monstro que aparece sem dar notícia. Ele apenas é. Ele é ubíquo, real. Quem sabe onisciente. Deveria esquecê-lo; o santo protetor deveria ser deixado em paz por um mínimo momento. Precisava de mais ânimo extremo e acabar com tudo. Pedia energias, mas sabia que muitas coisas eu também tinha prometido. Afinal, o contrato, mesmo que implicitamente, estava pactuado há tempos. Daria a luz e eu daria tudo que tinha. Porém, entregar tudo sempre era muito difícil, não foi diferente naquele momento. Mas o impulso que sempre me perseguia, mais do que nunca, aflorou com toda determinação e diferentemente das outras vezes que arriscava e entregava minha alma ao subterrâneo do desconhecido, fiz a entrega real e em um único impulso o comum foi indo embora.

Queria continuar pensando como sempre pensei, mas a perspectiva mudou abruptamente. Agora, a vida continuou, como eu sempre havia sonhado; era tudo apenas uma coisa una. A morte apenas contida na vida. A vida contida na morte. Uma intersecção. Matemática pura. Tinha plena certeza que essa compreensão também havia me habilitado para ser aquilo que queria ser. Não bastava apenas a minha tendência natural de tentar encontrar respostas, tinha que haver a comunhão entre o nada e o tudo.

A compreensão poderia começar a fluir. De plano minha ânsia ficou tênue e a própria morte não tinha muito sentido como tinha antes. O frisson maldito em minha mente estava dormente como nos comuns. Estava em êxtase sem buscar. Isso era para mim algo desconhecido. Seria a paz desejada?

Será que o comum era tão interessante? Já começava a acreditar que era de fato amaldiçoado por sentir aquilo que todos normalmente sentem, apenas após rogar e entregar-me. Dúvidas à parte, curtir aquela dormência era fascinante. Não queria lembrar do passado ou questionar o futuro. Apenas sentir o meu presente vagando livremente entre as sombras das nuvens. Mas os pensamentos passavam como em um filme, lembranças e sentimentos nasciam e morriam rapidamente, não tinha controle sobre isso, eles apenas passavam, não de modo aleatório, tinham coerência, começo, meio e fim.

Mas o mais importante: o primeiro passo fora dado, apenas deveria seguir o resto naturalmente. O impulso solitário levou-me a horizontes fora daquilo que se conhece. Talvez eu fosse o único, apenas talvez.

A vida, a maldita, mesmo por outra perspectiva, precisava continuar nas suas atitudes lineares. Reta. Portanto, restava-me apenas viver e descobrir o verdadeiro sentido de tudo. Sabia que era diferente, assim tinha de ser. Eu pedi e tive, naquele momento havia algo desconhecido para descobrir, o incompreendido que talvez fosse devassado.

Maldita! Somente para variar, as pessoas nunca tiveram noção das palavras. Eu sempre fui afogado por esta palavra. Vivia de modo maldito. Perseguido por mim mesmo, pela minha estupidez incrustada no meu espírito como um entojo putrefato. Maldição. Conhecia-a no fundo de seu âmago. Tinha certeza que fazia parte daquilo.

Não era momento para conjecturas mais apuradas. O momento era apenas delicado. Diferente de tudo que havia vivido. Nunca era demais lembrar; estava vivo, morto-vivo; vivo-morto. Não sabia. A morte era só a extensão. Não havia escuridão, nem luz, mas ainda fazia parte objetivamente de tudo. Talvez fosse o pacto. Isso estava fora dos padrões triviais. Mas para um não comum, assim seria.

Não vivia no transe da escuridão, não estava bem ao lado da lua ou coisas do gênero. Podia somente senti-la como sempre senti, apenas havia algo mais tênue e gradual em minha alma. As coisas tinham outra dimensão. Queria saber a dimensão que todos os que de bem com a vida têm, sempre tiveram.

Estava meio perdido, não tinha dúvida disso. Não se abraçava à maldição da busca da compreensão que tanto procurava ou se entregava o meu coração para viver o normal. Por mais esquisito que fosse, nunca tive tanta harmonia em meu coração, mas pairavam dúvidas. As nojentas dúvidas, apesar de tudo, ainda me perseguiam. Desta vez não eram para o entendimento do desconhecido, mas para eu ter controle daquilo que tinha feito.

Mais do que nunca, procurei fazer as pazes comigo mesmo; já não bastava ter de enfrentar o tudo e o nada; tinha que ter o controle mínimo. Coisa que sinceramente nunca tive.

Após o impulso compulsivo, o mundo objetivamente continuou lá e eu também. Voltei para casa e tudo se encontrava como havia deixado. O gato estranhou a minha presença, mas foi se acostumando. Ele tinha uma visão diferenciada. Olhava-me de forma compenetrada e fixa, lia meus gestos e analisava minha alma. Coisa de gato. Ele tinha compreensão daquilo que eu buscava. Respostas rondavam aquele gato, pena que ele não falava. Talvez se falasse não teria feito a maluquice que fizera.

Loucuras de lado, ele de modo solitário dava-me o veredicto da insatisfação, mas me compreendia. Tinha certeza disso. Acho que no fundo gostaria de me ajudar. Ridículo, mas achava que poderia sim. Ignorei o gato e saí antes que houvesse uma reprovação mais contundente.

Fui para minha cama e pela primeira vez sonharia com a vida, porque a morte havia sido o meu sonho e a vida precisava ser sonhada como antes eu sonhava com a morte para dar extensão à vida. Na vida, sonhava com a morte para compreendê-la, para no fundo entender a própria vida. Agora, procurava apenas sonhar com a vida, porque a morte não tinha sentido.

Dormi sentindo-me como um verdadeiro ser aleatório. Não sabia o porquê, mas tinha esse sentimento comigo. Logo, evidentemente, acordei como um sonâmbulo sem entender direito os fatos de um pretérito recente. Sentia apenas que havia ganhado aquilo que não merecia ganhar. Sentia que os fatos não me conduziriam à glória. Na realidade, não estava entendendo quase absolutamente nada. Não sabia se estava sonhando, se tinha apenas sonhado ou se estava meio louco, meio morto, meio vivo. Se havia feito algo porco. Mas de uma coisa eu sabia, minha cabeça estava para implodir, explodir, qualquer coisa nesse sentido; como se eu tivesse bebido sozinho um litro de vodca ordinária. Sem esquecer, ainda, a dor intensa que se espalhava por todo o meu corpo. Parecia que tinha sido espancado a noite inteira.

Água, água naquele momento era imprescindível para mim. A minha garganta estava ressecada a ponto de quase me sufocar. Observei que não era sonho ou devaneio. A realidade estava presente e tudo era concreto. Abstrações eu deixei para depois. Não tinha condições para questionamentos mentais naquele instante.

Não bastasse a dor, a sede e o corpo moído; notei que minhas costas estavam completamente cheias de vincos. Não tive dúvida que havia sido cabalmente açoitado, não tinha outra explicação; além de espancado, fui açoitado. Tinham vergões oblíquos, curvos e retos por toda as minhas costas.

Diante daquele quadro, comecei a sentir que alguma coisa extremamente estranha tinha ocorrido à noite. Não havia no quarto ou em qualquer outro local da casa qualquer sinal de que alguém pudesse ter entrado. Apenas vislumbrava que havia sido espancado a noite inteira.

Humilhado, esta é a expressão correta. Fui literalmente humilhado durante toda a noite e madrugada adentro. Pior de tudo, não notei nada. Apenas sentia na carne o peso de ter sido açoitado e espancado. Triste, mas acho que o preço da busca apenas tinha começado. Talvez, fosse apenas um aviso de que nada seria tão fácil. Facilidade não existiria, porém não imaginei que pudesse ser açoitado como um coitado; como um bicho. Levar chicotadas transversais e incisivas, definitivamente, não poderia imaginar aquilo. Mas era um fato, não tinha como fugir dele.

A noite não tinha sido curta, foi uma eternidade. Esse era o meu sentimento a partir do momento que fui refazendo as coisas. A cada instante ficava mais preocupado com a loucura que tinha feito. Afinal, a minha ânsia poderia ter sido resolvida por outras formas. Não precisava ter tomado medidas tão drásticas. Mas o mal estava feito. Vereda sem volta. Tinha que seguir em frente, minha epopeia apenas tinha começado. Se for dramática ou não, somente o tempo iria me dizer.

Para variar... Estava cansado, acordei não apenas com dores, mas cansado e precisava continuar a minha rotina, porque só assim seria capaz de descobrir o rumo reto daquele caminho tortuoso que comecei a trilhar em nome da busca de coisas que a vida não me deu chance para descobrir.

Cretina, esta era a cara daquela manhã. Olhei o Sol e ele queimou meu rosto. Acho que naquele momento notei que a minha alma, muito mais do que meu rosto, também estava queimada. Minha intuição me dizia isso.

A vida precisava continuar normalmente e a rotina, logicamente, iria dar o tom das coisas. Assim, fui ao banheiro como sempre e fiquei literalmente constrangido com a minha fisionomia. Estava um estado deplorável; não sei como, mas estava e me sentia um ser desprezível. Tentei esquecer minha condição precária. Tomei um banho demorado e coloquei minha roupa. Quando estava saindo para seguir meu caminho rotineiro, o gato desta vez saiu correndo desvairadamente. Não entendi; isso nunca havia acontecido, mas novamente tive a nítida impressão que a noite me deixou marcas, não só na carne, mas em meu próprio espírito. De espírito gato entende.

Apesar daquela manhã não ter sido para mim a mais bela, tinha a convicção que nem só por coisas estranhas eu estava passando, havia um sentimento de liberdade; aquela ânsia maldita que me perseguia aparentemente tinha ido embora. Naquele instante, um sentimento me acalentava. Sentia que coisas boas poderiam acontecer no mesmo dia.

De forma que a manhã foi se tornando mais tênue e branda. O dia transcorria de modo mais sereno. Não sentia que as coisas conspiravam contra mim. Muito pelo contrário. O dia e o Sol foram clareando as minhas ideias. De inimigos passaram a ser meus amigos confidentes. Fui entendendo o dia anterior, a decisão que tinha tomado. A entrega que havia feito. O pacto que havia aceitado. Tinha mais lucidez acerca dos meus passos. Dos meus rumos. Ainda, é lógico, tinha dúvidas. Se o caminho era o correto, não tinha essa convicção. Mas quando lembrava do meu estado de espírito anterior, sentia que o caminho não estava assim tão errado, pois a sofreguidão havia ido embora. Não tinha necessidade de fazer coisas fora dos padrões. Não precisava arriscar ou flagelar o meu corpo e aquele sentimento de busca incessante para conhecer a verdade também tinha ido embora de forma parcial, já que o fim de tudo era basicamente entender coisas que pairavam sobre meu espírito. Talvez a chance estivesse bem ao meu lado. A morte poderia me dar o sentido que a vida não me deu, mesmo sendo coisas contidas em um mesmo centro.

Tudo tinha absoluto sentido, exceto meu próprio estado de espírito. Ah, não poderia esquecer os fatos estranhos que ocorreram, mas não queria questioná-los naquele momento. Sabia que tinha todo o tempo do mundo para entendê-los. Quem sabe uma eternidade.

CAPÍTULO II

O homem

Quando cheguei ao escritório, minha secretária logo anunciou que uma pessoa me aguardava para uma consulta. Até aí, nada de anormal, apenas mais um dia de trabalho. A vida precisava continuar. Disse-me ainda que ele tinha feito questão de esperar já dentro de minha sala. Confesso que não gostei muito da ideia de alguém estranho ter ficado em minha sala sem a minha presença. Aquele canto era como se fosse parte de mim, meu trabalho: uma religião. Até mesmo me servia de fuga e quando trabalhava solitariamente frente aos livros e meu computador desafiando o trivial, o comum, sentia que aquele pedaço de espaço ficava carregado de energias. Somente eu poderia desfrutá-las. Eram os embates dos outros conduzidos por mim. Gostava daquilo, sentia-me meio mágico em controlar, em parte, algo que não me pertencia, mas que ajudava a dar um rumo à vida alheia. Era meu ego em ação. Neste aspecto eu era um comum, gostava de insuflá-lo para meu deleite. Pura ilusão medíocre dos humanos. Às vezes eu tentava ser comum. Por poucos momentos conseguia, entretanto, ser um homem como tantos outros. Parecia não ser possível para mim, meu claustro era fechado demais para tanto. Minha redoma era de aço e meus olhos tornavam-se translúcidos diante dessa realidade.

Queria ser diferente, mas tinha a absoluta consciência que isso era egoísmo em estado puro e, pior de tudo, sentia que não queria fazer nada contra. Não tinha desejo de ir para outro rumo. Apenas não queria e, portanto, não poderia fazer nada. Não iria lutar contra mim, estava cansado daquela luta. Meu inimigo, eu mesmo, era por demais poderoso. Além de tudo, eu gostava dele e sempre que possível não procurava emulá-lo, pois sempre que o fazia sofria derrotas homéricas. No fundo do meu coração, eu tinha que procurar me respeitar por mais ilógico que fosse. Sentimentos sem nexo são muitas vezes para serem sorvidos e não destruídos. Para destruí-los é necessário que eles sejam demasiadamente negativos, extremamente negativos. Não queria em hipótese alguma destruir aquilo, mesmo sabendo que a mesquinharia estava presente. Não o escondia de mim, mesmo que muitas vezes eu não passasse de um estúpido diante da realidade. Até achava que de fato era um grande estúpido sem um equilíbrio necessário para tocar a vida de modo mais simples e procurar as soluções dentro do fácil, mas era muito difícil ir para esse rumo, simplesmente não tinha forças. Era como se eu estivesse enfeitiçado, muitas vezes eu via o caminho mais ponderado, mas não conseguia segui-lo. Talvez eu tivesse sido um verdadeiro amaldiçoado. Teria nascido no dia errado, na hora errada e as forças do universo não tivessem me ajudado. Quem sabe não foi isso que aconteceu no dia do meu nascimento, pois era muita estupidez para um só ser. Mas, achava que não merecia ser assim, apenas me machucava no cotidiano para não ferir ninguém. Muita benevolência leva à estupidez. Quem sabe não fosse isso. Benevolência e egoísmo em excesso são coisas muito próximas da insensatez. Algo vinculado apenas com o centro do ser, com o seu interior e as suas fraquezas mais secretas. Nem tanto ao céu nem ao inferno.

Sentimentos pouco nobres à parte, entrei na sala e de chofre vislumbrei um senhor de costas e de meia-idade consultando o meu livro de missal. Assim eu o considerava, visto que continha cânticos de cunho religioso. Lógico, felizmente, nunca fui e nem tive tendência para ser um homem vinculado à liturgia ou coisa assemelhada, mas tinha um livro religioso com orações de diversas tendências em minha estante. Por razões inexplicáveis, mantinha aquele livro no meio de outros que não tinham quaisquer semelhanças teóricas. Livros técnicos não são como livros daquela natureza. A diferença é completa. A inteligência de um lado e a intuição de outro. Aspectos diferentes da condição humana. Entretanto, mantinha sempre lá, às vezes, consultava-o. Lia sem compromisso. O livro era meio lúcido, meio sem nexo, meio lógico. Era tudo que a alma humana procurava, bastava compulsar suas folhas e ter a leitura que necessitava. Não importava o momento, sempre havia uma situação assemelhada para um conselho ou mesmo um conforto no coração. Não havia nele qualquer verdade ou mentira, apenas um sopro de fé e esperança. Uma fuga, quem sabe, apenas uma mera distração inventada por alguém que gostaria de suprir o vazio humano diante do desconhecido. Isso já era suficiente para mim. Nunca quis afrontá-lo no âmbito da dialética, tinha convicção que ele estava muito além.

Há coisas neste mundo que não devemos confrontar. Somos pequenos demais para isso. Não há solução e pronto. Por enquanto, nunca vamos ver o fundo do céu. A luz e a escuridão estão presentes em todos os momentos, mas decifrá-las não nos foi dada esta dádiva! Temos a dimensão dos vermes. Não adianta ser arrogante pois, na maioria absoluta de tudo que nos cerca, somos tão importantes como os vermes e compartilhamos com eles todo o desconhecimento ao nosso redor. Somos nada, seremos apenas, algum dia, comida de formiga tal qual os vermes também serão.

Logo o homem notou a minha presença e de plano esperou que eu lhe cumprimentasse. Evidentemente, por ser até mesmo o anfitrião, não hesitei em estender a minha mão para aquele ser. Lívida era sua mão e pálido o seu olhar, mas magnéticas eram suas palavras. Logo, enquanto começávamos a conversar, uma sensação esquisita tomava conta de mim, não conseguia descrevê-la nem a mim mesmo. Aquela presença me deixava inquieto, quase que paralisado. Apesar de tudo, não queria que fosse embora, estava meio extasiado com sua presença; porém enrijecida estava minha condição de ser humano. Nem mesmo sabia ainda se continuava a ser uma pessoa humana. Houve quase que uma comunhão de espírito naquele instante; como se eu não estivesse presente naquele momento. Apenas ouvia sua voz indefinida e a seguia.

Quando de fato começou a explanar, notei por intuição que ele não estava tão somente necessitando de um profissional que lhe desse um suporte técnico. Queria algo mais, entretanto eu não conseguia identificar o seu verdadeiro intento. Seja como fosse, ele falava quase que de modo compulsivo. Porém não se deixava ficar vazio ou tosco. Mantinha uma clareza e uma lógica impressionantes, descrevia fatos com objetividade total. Segurança era o tom de sua voz. A forma empostada parecia seguir rigidamente uma técnica para tanto, mas não seguia. Sabia disso. A sua sutileza e naturalidade não permitiam que um mero tecnicismo pudesse transcender a sua fluidez. Notava que as suas mãos orquestravam a sua voz. Demonstravam segredos e sagradas paixões. Lânguidas, além de lívidas, eram suas mãos. As palavras, ao contrário, eram cheias de vida. Tinha muito conhecimento, parecia ser uma pessoa de muitas vidas para poder ter tido tantas experiências. Uma alma antiga. Na verdade, tanto as mãos quanto às palavras em momento algum tinham tons aleatórios, apenas um compasso marcado. Não sabia se procurava entender a sua história ou se analisava seus gestos e questionava sua presença. À medida que falava tomava conta do ambiente, fiquei apenas observando, não que quisesse continuar naquela situação mas não tinha forças. Acho que estava meio hipnotizado, não no sentido literal da palavra, mas tudo que acontecia simbolizava algo desconhecido para mim.

Sua história não era pitoresca, cheia de fatos misteriosos, mas que seguiam uma coerência muito racional. Era um cliente especial. Precisava desdobrar-me. A sua defesa seria completamente possível, desde que houvesse da minha parte muita dedicação e labor. Em suas explanações, procurava demonstrar como deveria seguir, não que dissesse os passos que eu deveria dar para defendê-lo, mas me indicava o rumo. Uma comunhão deveria haver entre nós, senão tudo estaria perdido. Assim, eu sentia. Tamanha era sua coerência que não poderia deixar de afirmar, concordava com suas teses e rumos. Nem a minha primária prepotência, inerente ao meu trabalho, conseguiu sucumbir-lhe diante de suas razões. Não era o caso de não ter liberdade para pensar, mas seu brilhantismo conseguiu me conduzir para um canto. Aliás, era como um canto de sereias ao meu redor. Forçava-me rumo à sedução. Quase estava gostando da situação, a não ser pelo fato do meu lado racional não aceitar tudo aquilo.

Naquele instante fiquei digladiando entre meu ego racional e minha fraqueza intuitiva. Meus sentimentos estavam se tornando meros escravos. Tinha medo, mas ao mesmo tempo ficava alerta para lembrar que os grandes vigaristas têm essas qualidades. Entretanto, não poderia negar, perdido era o termo correto para mim naquele momento, não sabia me orientar. Apenas acompanhava o cliente, procurava compreender suas razões, dar-lhes entendimento técnico. Falava e falava, olhava longe quando explicava. Sentimentos ferozes ele tinha. Vivos e atuais, mesmo diante de coisas que acontecera há muito tempo. Não era preciso questionar alguma passagem estranha, sua narrativa era quase que perfeita, pois perfeição não existe, digo, talvez possa existir apenas na morte. (Acho que sempre lembrava dela). Incansáveis eram seus gestos e palavras. Transcendiam tudo. Solitárias eram suas tórridas paixões. Seus olhos visualizavam os fatos como se estivessem ocorrendo naquele instante. Viajavam naquela realidade passada como crianças olhando o desconhecido.

Quando o telefone tocou, um olhar rápido foi me dirigido. Repreensivo, mas se curvou à educação e de repreensivo tornou-se tênue dando-me a possibilidade de falar à vontade. Logicamente, fui curto na conversa e logo desliguei o aparelho e em seguida recomendei que outras ligações não deveriam ser dirigidas a mim naquele momento. Sua satisfação por ter tomado aquela atitude foi generosa, não precisou falar nada, apenas deixou transparecer sua felicidade. Talvez felicidade, não seja o termo correto, iá que ela, felicidade, não era inerente à sua personalidade fria. Concordância e agradecimento implícitos eram o que melhor expressava aquele momento.

De forma que voltou à narrativa dos fatos. Sabia de antemão que deveria trabalhar bastante, teria inclusive que trabalhar intensamente a ponto de colocar esse trabalho à frente de outros. Algo em detrimento de outra coisa. A minha renúncia não seria somente no âmbito profissional, minha vida pessoal também haveria de mudar. Já não bastasse a mudança que havia tido. Enquanto ele falava, eu lembrava da noite anterior. Lembrava, em verdade, dos fatos anteriores. Da loucura que havia cometido. Dos pedidos feitos. Da troca. Do pacto. Da minha incansável busca. Fiquei por alguns momentos meio fora da conversa e ele logo notou minha ausência. Parou de falar um momento e logo retomou sua narrativa. Não sabia explicar, mas a sensação mais pura foi que ele conhecia exatamente aquilo que eu estava pensando, senti isso naquele momento com muita intensidade. Apesar daquela mera interrupção, suas palavras continuavam muito interessantes porém, quase que repentinamente, achou por bem ser bastante breve em seus últimos pedidos e reflexões. Naquele momento, foi como se ele tivesse confiado plenamente em mim. Sua confiança transpareceu, senti na hora. Senti uma grande honra também, não poderia negar isso.

Aquelas últimas palavras e sentimentos fortaleceram-me para poder seguir em frente. Como se tivesse dado o poder de resolver algo extremamente complexo da forma mais simples possível. Houve de fato uma grande comunhão entre nós. Fiquei vislumbrado, quase em êxtase. Não acreditava naquele meu sentimento, mas seu olhar dizia-me justamente o contrário. Não brilhava, fixou em mim momentaneamente como se tudo dependesse de mim. Senti o peso da responsabilidade assumida. Tive medo, nunca poderia negar aquilo. Era muita força no olhar diante de mim. Não sabia detalhar como alguém conseguia dar poderes e ao mesmo tempo demonstrar tanta frieza. Acendia uma grande luz para dar força e ao mesmo tempo demonstrava em um só gesto todas as dificuldades que fatalmente iriam vir. Ele tinha o poder de acender a vela e iluminar toda a escuridão e, ao mesmo tempo, tinha toda força para em um só sopro acabar com tudo e devolver a escuridão e a própria esperança. Sentia que era meio dono de situações das quais eu nunca tive acesso e controle. Não conseguia imaginar de onde poderia advir tanta energia.

Estranho aquele ser mas, sobretudo, poderoso e desafiador. Tive a plena impressão que ele estava ali para ver até onde eu poderia seguir em frente. Sei que queria me testar. Era seu deleite, fazia parte de sua personalidade esquisita. Frente às suas histórias, notei nitidamente esse aspecto. Lógico que precisava de mim na condição de mero profissional, mas profissionais existem muitos. Talvez eu fosse seu escolhido, talvez eu o tivesse escolhido ou apenas tivéssemos nos identificado diante de vícios e virtudes. Sobretudo, logicamente, que em nossa relação não havia apenas o profissionalismo, havia muito mais. Muito mais...

Para tais questionamentos, também, eu tinha a clara noção que jamais haveria respostas prontas. Aquilo que é por demais grandioso, nunca entenderemos. Como também não vamos entender o céu azul e imenso em sua plenitude. Há coisas além de nossa compreensão, provavelmente isso seja uma regra imposta por Deus para deixar bem claro o quanto somos pequenos diante de muitas coisas, o quanto somos nada frente ao absoluto. Tudo é uma consequência, já que não é possível enfrentar o desconhecido. Pode ser que isso seja para reverenciar a humildade. Quem sabe se ali não se pode encontrar o reino da paz? Lógico que não é a humildade subserviente, mas aquela que há resignação diante da própria natureza, diante das próprias forças que nos cercam no clarão do dia e nas trevas da noite, na vida e na morte.

CAPÍTULO III

O vínculo

Quando aquele senhor se foi, fiquei quieto em minha cadeira; com um olhar fixo, comecei a refletir acerca daquele novo cliente. Por mais que me esforçasse, não acreditava que alguma ligação pudesse haver entre o dia anterior e ele.

'Não tinha lógica, mas ao mesmo tempo, minha intuição não descartava aquela possibilidade, pois havia um pacto feito por mim diante de mim. Fatos estranhos em um curtíssimo espaço de tempo seriam por demais coincidentes, a chance de isso ocorrer era altamente improvável. Sei que era mais um cliente, não havia nada de estranho, mas sentia que algo fora dos padrões estava acontecendo. Além do mais, já estava fora dos padrões, só não queria assumir tal condição. Pensamentos começaram a vagar de um lado a outro.

O pacto que fizera era estranho a mim mesmo, apenas roguei e obtive, apesar de saber que alguma coisa em troca fatalmente deveria oferecer. Sei que me entreguei para obter respostas, para continuar a minha busca. Não há contrato sem troca, sem concessões. Esse não seria diferente, apenas não sabia quais poderiam ser as consequências. Um tiro no escuro pode ter danos ou até não acarretar nada. Era isso, estava na lama da escuridão e saí correndo para um túnel sem luz, mas que talvez pudesse me oferecer a possibilidade de sair do outro lado e atingir o zênite.

A questão sempre foi bastante simplista, ou melhor, toda dor é simplista. Um único ato pode resolver tudo, mas tem um preço, o risco do futuro. O risco do desconhecido. O medo e o temor de enfrentar a covardia. Será possível descrever a covardia humana? Que forma ela teria? Seria branca com feições cândidas ou seria negra com feições carregadas? Que forma essa maldita protetora e propulsora teria? Não adianta, tendo ou não forma, ela sempre nos atormentaria para não nos deixar olhar diretamente para a luz e nos protegeria para não deixar a nossa face chafurdar na imundice. Apesar de tudo, ela sempre foi necessária, incômoda, mas importante.

Questionamentos à parte, não havia liame entre as coisas, contudo, logo após aquele estranho ser ter ido embora, senti bastante fraqueza física e mental. Não conseguia entender se era ainda consequência da noite anterior ou se a presença forte do homem havia sugado literalmente as minhas energias. Tinha uma sensação pesada, meus pensamentos ficaram confusos e o raciocínio quase que foi desaparecendo. Não consegui fazer mais nada. Tinha que voltar para casa; não havia a mínima possibilidade de continuar naquele estado no trabalho. A própria secretária não me reconheceu, falou apenas do meu deplorável estado. Questionou-me se estava bem, disfarcei e apenas afirmei que não tive uma boa noite. Como de fato não havia tido. Pedi imediatamente que anotasse os recados e avisasse que naquele dia não atenderia ninguém.

Estava acabado, sentia-me um velho destruído. Sem controle, acho que essa era a realidade daquele momento; ouvia vozes interiores sem qualquer sentido. Levantei-me e senti que deveria sair do escritório, precisava movimentar para acordar meu corpo e minha alma.

Não tinha percebido, mas havia conversado horas com o estranho senhor. De forma que independentemente de meu cansaço, já era mesmo quase o horário de ir embora. Peguei o paletó e deixei o escritório. Na saída notei que a secretária naquele dia não parecia ser a mesma moça meiga, havia em seu semblante um olhar diferente, rigoroso. Não tinha, nem tive condições de dar muita atenção a ela, mas me senti bastante incomodado com aquele fato.

Quando estava já fora do escritório, não resisti e voltei e lhe perguntei se alguma coisa mais séria havia ocorrido ou se desejava algo. Não me respondeu convincentemente, deixou apenas claro que não havia gostado daquele novo cliente, quase que me pediu para que eu não mantivesse qualquer tipo de relação profissional com ele. Não me explicou suas razões e, por respeito e medo de suas próprias explicações, não lhe perguntei. Apenas tentei acalmá-la, tentei convencê-la de que se tratava de mais um cliente, sabia que não era, porém tentei convencê-la disso, sem êxito, logicamente. Parecia que ela tinha quase ódio de mim por ter dado tanta atenção a ele. Quase que um ciúme compulsivo, proteção talvez.

Se a noite tinha sido difícil, naquele momento, sentia que o dia estava se tornando ainda mais complicado. Entretanto, como minhas energias e meu raciocínio não estavam em seu ápice, preferi não dar o volume imposto pela secretária àquele fato. Desconversei e simplesmente saí.

A Lua nua embranquecida começava a dar o seu brilho lúcido diante daquela noite nascente. Maldita, bendita, maravilhosamente, a Lua demonstrava o seu esplendor. Dava-me luz, mas me transmitia dúvida. Era a catalisadora do fim do dia e do começo da noite. Fazia parte de tudo. O uno estava presente. Acalentava-me.

Andava de volta para casa, andar era preciso. Não de forma compassada, mas de forma apressada, cansava o corpo, mas descansava a alma. No cansaço, o corpo preocupava-se consigo e não se lembrava da alma. Sei que fazem parte de uma coisa só, mesmo assim um desconsiderava o outro por poucos instantes naqueles momentos de ruptura. Como se fosse uma lei de freio e contrapesos para um não dominar por completo o outro.

Apesar de não ter sido um dia trivial, a minha caminhada era rotineira. Talvez os meus pensamentos, naquele dia, tivessem fluído com maior celeridade. Continuava a caminhar e observar como eu tinha mudado e o mundo continuava lá como sempre. Nada havia mudado e ninguém compartilhava comigo as minhas angústias, os meus segredos. Também, por que havia de compartilhar aquilo naquele momento?

Nunca ninguém havia compartilhado a minha vida comigo, nunca deixei que isso ocorresse e não seria naquela situação que alguém iria compartilhar a minha nova perspectiva de vida. Pessoas comuns não entenderiam a minha atitude, pessoas comuns não compreenderiam a minha renúncia pela vida e entrega à "morte". Causaria muito espanto. Pouca compreensão para muita busca. Pouca lucidez para muita luz.

Na realidade não estava com paciência suficiente para divagar acerca de ignorância alheia. Não conseguia nem mesmo me fornecer respostas, quanto mais responder pela torpeza humana. Essa eu conhecia pelo simples fato dela sempre ser muito banal. A trivialidade é muito comum. Eu odiava o comum. Não o simples, pois as maiores coisas sempre estiveram no simples, mas o comum sempre seguia o mesquinho, a mediocridade.

Andava, caminhava com rumo certo, mas sem direção correta. Talvez nem mesmo soubesse até onde eu iria chegar. Não tinha noção de tantas coisas que nem queria ficar a questionar tamanhas incertezas. Tinha vontade de gritar em silêncio e ser ouvido, mas sabia que não adiantaria, sempre gritei comigo mesmo a minha vida toda, não seria nesta situação que isso resolveria meus dilemas, mas não resisti e gritei bem alto somente para eu ouvir, mas querendo ser ouvido.

Contradição absoluta, querer se esconder para ser visto. Tinha medo de ser comum e pedir para ser ajudado. Por isso, gritei de novo comigo mesmo, um grito simbólico, diabólico, contra tudo que havia acontecido.

Gritei com toda a força de minha alma e ninguém me ouviu e nem me ouviria. Senti a maldição de um continuísmo não me deixar ser ouvido e nunca querer ouvir. Um grito de silêncio também é um pedido. Eu pedi para chorar e ser ouvido enquanto continuava a caminhar sem ser percebido, implorando para alguém me escutar, alguém poderia compreender a minha agonia e apenas me ajudar.

Com ou sem gritos, continuei caminhando um pouco menos compassado. Eu andava como um sonâmbulo; estranho, mas era assim que estava me sentindo.

Tudo muito igual. Parecia que estava adestrado. Alguma força além das minhas me conduziam. Como se não tivesse controle de meus passos. Eles pareciam que não eram para mim.

Guiavam-me, sensações horríveis, mas era real. Diante de tanto devaneio somente me faltava não ter controle de meus passos. Parecia impressão mas não era, na realidade estava anestesiado. Muito. Muito cansado. Meus músculos não respondiam. Apesar de tudo, não aceitava aquela situação, queria ser o dono de mim como sempre fui. Não poderia imaginar não ter sob controle minhas próprias energias.

No fundo sabia que era impressão, como de fato era, mas não parecia. Na realidade era puro estresse. Quando pisava, a gravidade era menor. Lógico que não, mas parecia que sim. Meus passos eram leves, porém tinha dificuldades de comandá-los. A única coisa que tinha certeza era a sensação horrível que estava tendo. Apesar de tudo, caminhava rumo à minha casa. Era necessário descansar. Achava que somente um longo repouso poderia renovar minhas forças.

Talvez dessa forma pudesse pensar melhor, analisar de modo mais conveniente o dia anterior e aquele dia que estava indo embora. Além do mais, já havia mais de vinte e quatro horas que tudo tinha mudado de forma avassaladora. Diante daquela real noção de brusca mudança, nem mesmo sabia o que poderia vir pela frente. Coisas estranhas já tinham ocorrido.

Ao chegar em casa, o gato não aprovou minha presença. Ficou prostrado apenas virando sua cabeça, acompanhando meus movimentos. Seu olhar era de pura indignação, eu tinha plena convicção daquilo. Ele reprovava até o meu semblante, disso tinha certeza também; acho que sempre tive, mesmo antes de tudo, não que ele não gostasse de mim, mas pelo fato de pensar coisas impensáveis.

Ele entendia a minha estupidez, sua sensibilidade era muito grande, mas veementemente não a aceitava. Vez ou outra, o gato olhava fixamente em meus olhos para ver se eu tinha forças para conseguir extirpar os meus males, mas eu estava tão carregado que nem aquelas atitudes me direcionavam para o rumo reto da razão. As pessoas não sabem que quando um gato olha em seus olhos a alma fica desnuda e completamente exposta. É um momento ímpar para qualquer ser, pois é uma grande oportunidade para reflexão acerca de suas fraquezas e egoísmos. Deve-se aproveitar cada segundo daquele olhar para lavar a alma e direcioná-la para o lado luminoso da vida.

Apesar de tudo, o simples animal não poderia fazer nada, nunca pôde, apesar de querer, eu sentia isso. Nunca havia dado chance para ele me ajudar da mesma forma que não dei chance para ninguém me tirar da lama. Naquela altura dos acontecimentos nem as atitudes do gato geravam ânimo e minha noite parecia que seria idêntica à noite anterior.

À noite, um pouco mais distante da loucura próxima, comecei a temer a morte, temer o pó que tudo vira após deixar de fazer parte do trivial. Nunca tinha tido medo da maldita, mas estava me sentindo meio amedrontado e por mais absurdo que pudesse parecer sabia que já fazia parte dela.

Na dialética não conseguia entendê-la, mas no fundo de meu coração, sabia que a morte estava presente em mim apesar de não haver exteriorização de nada. Tinha que conviver com ela de forma absoluta, não como uma coisa surreal. Era realidade. Ela vivia em mim. Achava que com o tempo todas as suas benesses fossem aparecer claramente, mas ao mesmo tempo cresciam minhas dúvidas quanto a isso. Com medo ou não, tinha que vivê-la, pois a vida já tinha tido seu tempo. Viver na morte, meu Deus, que paradoxo ilógico. Loucura que muito provavelmente jamais teria condições de entender. Achava que minhas dúvidas e anseios apenas foram trocados de lugar. Acho que era a única convicção que tinha realmente naquele momento.

Ideias vinham à noite a todo tempo. Procurei ir para cama um pouco mais cedo do que de hábito, mas naquela noite tive muito medo de dormir e não voltar pela manhã. Sentia calafrios só de pensar que talvez pudesse mergulhar na escuridão, na imensidão do nada e nunca mais voltar. Talvez a morte fosse naquela noite o que ela sempre foi.

A morte em seu estado latente e desconhecido. Um grande abismo escuro e sem fundo, no qual, tudo o que cai jamais volta, apenas desliza no nada para sempre. Não há impacto, somente o vazio e a monotonia. Não há vento na face, nem frio ou calor. Uma inércia real. Isso, a morte é um corpo sendo levado de modo constante. Lei imposta pela física. Quando tudo termina, não passamos de algo inerte e dormente. Somos escravos das leis da física, somos escravos de Deus.

Apesar de tudo, estava lá, "vivo". Entre aspas, mas vivo. Contradição clara. Pensava às vezes que tudo pudesse ser apenas devaneio. Que não havia pacto, entrega ou coisa do gênero. Novamente tentava não questionar. A minha fortaleza era concentrar-me em não questionar nada. Mais do que nunca tinha que seguir esse caminho. O caminho da ignorância. Novamente uma contradição, sempre havia procurado respostas, entretanto na situação que me encontrava tinha que procurar a escuridão da ignorância, sob pena de enlouquecer. Muitas pessoas que encontram paz são estúpidas, entretanto são absolutamente resolvidas, portanto a pouca sapiência tem o seu valor. Naquele instante queria louvar a ignorância, mas ao mesmo tempo notei que havia usado da maior das idiotices já que não tinha pensado e previsto acerca do impulso compulsivo em situações de sofrimento como esta.

Este é o sentido literal - sofrendo e rastejando por absoluta ignorância. Triste realidade, nem mesmo tive condições de fazer uso de modo adequado desse adjetivo durante a minha vida. Não usei a ignorância a meu favor. Isso sim é a estupidez em seu estado lato.

Os pensamentos voavam nas asas de uma borboleta minguante. O seu voo era magnífico, mas a dor do fim era o concreto presente. Não adiantava, meus pensamentos eram errantes. Aleatórios, descompassados. Dançavam efusivamente. Voos de asas mortas. De tanto pensar, comecei a sentir uma profunda melancolia. No âmago de minha alma, eu ainda não estava morto, queria vida. Ficava questionando o que havia feito para me autoflagelar daquela maneira.

Nestes devaneios voltava à questão central de ser um maldito. Isso ecoava como uma grande verdade para mim. Achava que eram os uivos dos demônios que gritavam insistentemente aos meus ouvidos e devoravam o restante do pedaço de minha alma, não me davam tréguas. Malditos, eu achava que todos eram, inclusive eu. Imiscuíram-me aos malditos e tomaram conta de mim para sempre.

Tinha vontade de me entregar logo de uma vez e acabar com tudo, mas não conseguia, nem essa coragem eu tinha, como não tive para fazer tantas outras coisas tão simples e singelas durante toda minha vida. Estava no limbo, não havia caminho ou rumo. Não havia norte nem sul e tudo era claro demais para poder seguir. Excesso de luz também faz mal, dói os olhos e machuca a alma.

Quando, de tanto não tentar pensar, mas pensar sem querer, eu procurei apenas dormir. Não queria mais nada. O sono poderia me acalmar, renovar as minhas visões e dar esperanças. No entanto, ao dormir não tive sossego algum, sonhos horríveis passavam como filmes de horror. Filmes surreais que me faziam acordar a todo o momento.

Não conseguia literalmente descansar, não descansava a minha alma. Ela estava pesada demais, sentia que precisava vomitar. Vomitar pesadelos, mas como fazê-lo, não bastava querer vomitar. Não era algo orgânico no qual o organismo expulsa todos os excrementos sem qualquer constrangimento e perdão.

Como vomitaria aquela ânsia de pesadelos? Como os enfrentaria? Queria expulsá-los, exorcizá-los de mim, de uma forma ou de outra. Suava quase que compulsivamente, travava os dentes de tanto ódio. Aquele medo e melancolia davam-me forças para sentir ódio. Tinha ódio mortal dos sonhos, eu gostaria de lutar, não tinha temor naquele momento, apenas queria parar de dormir. Mas vivia dentro dos sonhos apesar de saber que a realidade não era aquela, mesmo assim o sofrimento era absolutamente real. Tinha noção da inverdade e da verdade, mas estava no claustro do terror dos meus pesadelos. Mas não conseguia sair dos "sonhos". Era escravo deles. Os demônios chamavam-me, aprisionavam-me em meus sonhos. Sonhos do inferno. Eu era o verdadeiro inferno e não aceitava isso. Queria paz, queria o céu. Queria a vida limpa de um simples ser, queria até mesmo ser um comum, quem sabe?!

A noite era longa, muito longa. Pior do que ser açoitado eram os sonhos dos meus demônios que davam outra dimensão a minhas angústias. A carne sentia, mas o espírito sentia e sofria. Suas marcas eram mais profundas. Meu coração parecia que não iria aguentar tanta dor e sofrimento em uma noite só. Precisava urgentemente de paz para respirar aliviado. Não apenas era longa a noite. A chuva dava o tom da imensidão dela.

De tanto querer lutar, acabei sucumbindo os pesadelos e acordei. Levantei-me completamente tonto e fui para sala, precisava ficar longe daquele quarto, tinha uma sensação de haver uma legião de demônios lá.

Na sala, estava o gato parado e observando. Pena que ele apenas observava, pois tinha certeza que ele tinha grande conhecimento acerca do que estava acontecendo comigo. Sabendo da situação, nada mais normal do que ele ter a nítida noção de meu futuro. Quem conhece o presente pode, de certa forma, prever o futuro dentro de uma lógica bem plausível. Ele sabia disso, não tinha dúvidas. Pena, pena mesmo ele não poder falar, mas seus olhos falavam por ele; navegavam eles em meu rumo, talvez querendo me mostrar o caminho que eu deveria seguir. Sentia isso no centro de minha alma. Sabia disso. Ele queria me dizer algo, coisas; mas somente isso eu sabia, o resto ficava no campo do enigmático, apenas intuía.

A chuva continuava a cair lenta, vagava e escorria na escuridão e eu apenas vagava no nada. Fiquei ali na sala sentado, fixado no vazio. Sobre o vazio eu bem conhecia, mas nunca conseguia me livrar dele. Era nefasto para mim e não conseguia tirá-lo do meu caminho. Estava como uma nau perdida em oceano calmo. Buscava meu verdadeiro rumo sem transtornos, obstáculos, mas não o achava.

Queria ser aquelas gotas d'água que tamborilavam lá fora, sentia a liberdade delas ao cair do céu e esborrifar seu clamor sem medo e remorso nas telhas de minha casa. Elas não tinham vergonha de se espatifar e buscar o chão para depois voltar às suas origens. Elas buscavam e achavam a paz que nunca tive. Elas tinham seu ciclo respeitado. Eu nunca havia tido e tinha plena consciência que ele existia.

CAPÍTULO IV

A tentação

À medida que o dia foi nascendo, minhas angústias foram diminuindo. Diretamente proporcionais. A luz do dia dava-me forças. Não sabia explicar aquilo. Fui ficando mais calmo. O controle tomava conta de minhas sensações, sentia que nem tudo estava acima de mim. Tinha controle. Novamente sentia que estava ali concretamente tentando viver e ter luz dentro da minha própria escuridão.

Novamente procurei seguir minha rotina; aliás, é algo imanente aos seres. Muito provavelmente não exista criatura que não tenha uma vida fora de um padrão rotineiro. O mundo também é assim. A rotina deveria ser considerada o maior princípio de todos. Não há nada de racional neste universo que não siga a sua rotina particular. A mim não seria diferente. Fazia parte de minha vida, de minha morte; sejam ambas eternas ou não. Se fossem eternas, fatalmente teriam sua rotina estendida por longos tempos que nem consigo imaginar. Se fossem efêmeras, cairiam rapidamente no trivial. Não haveria outra possibilidade.

E dentro de minha rotina comum e cretina, comecei meus preparativos para mais um dia como outro qualquer. Sabia que os dias não eram quaisquer, principalmente na situação na qual me encontrava. Tinha outra visão do mundo; de tudo. Não era mais um ser na multidão. Talvez fosse até mesmo um maldito, mas não era um comum. Eu era eu mesmo, não havia caído na vala dos comuns, dos pobres mortais. Aliás, estava dentro do rol seleto dos seres no limbo. Bem, na realidade, não sabia disso convictamente. Lógico que não tinha a dimensão do que era imortalidade. Em verdade, não tinha convicção de nada. Apenas tinha feito uma loucura atrás da outra. Tinha acreditado e tentado. Pior de tudo, estava envolto por fatos e coisas como nunca pude imaginar.

Meu corpo estava naquela manhã relativamente bem, minha alma em ascensão. Meus pensamentos nem tão conflituosos. Estavam procurando apenas o caminho normal. Tomei meu banho, meu café. Vesti-me e saí para o trabalho. Minha vida ainda se resumia em trabalho, conflitos mentais e uma grande ilusão de descobrir uma paz tão almejada.

Novamente na saída, o gato estava à espreita observando meus passos. Não observava apenas os passos que dava, mas observava meus olhos, procurando entender a minha alma. Gato ordinário, somente me deixava mais apavorado, criava dúvidas acerca de mim mesmo. Pensava, inclusive, que talvez ele fosse uma espécie de espião. Tinha certeza que isso era uma grande tolice. Idiotice de primeira grandeza. Mas o miserável do gato sempre estava lá a observar. Enigmático era aquele bicho.

Mais uma vez tentei não dar grande importância ao gato, mas era impossível deixar de fazê-lo. De forma que apenas saí, fui novamente para o trabalho. Tinha convicção que o dia também seria bastante longo.

Naquela manhã fui diretamente para o escritório. Não hesitei no caminho em concentrar-me apenas no caso daquele homem que, em verdade, eu já deveria ter começado. Interessante que quando pensava naquele caso especificamente, eu tinha um sentimento de profunda grandeza. Sentia que era de fato um grande profissional com tenacidade. No entanto, além desse aspecto, o mais importante era o sentimento de uma fortaleza pessoal muito acima da média, que eu tinha acerca de minha própria capacidade. Não sabia de onde vinha tal força, tal energia. Ela apenas fluía de modo incessante. No fundo, era meu ego flutuando nos âmbitos das tolices e estupidez humana. Não gostava de insuflar o ego, não gostava de ser um ser comum, sempre procurei não cair no trivial dos comuns, mas sempre era muito difícil fugir disso. Pobres homens, tão frágeis que mesmo tendo a nítida ideia de seus defeitos ainda os cultuam para satisfazer alguma coisa que nem mesmo eles sabem ao certo a sua natureza e serventia.

Ao chegar ao meu escritório, deparei-me com a secretária que não tinha cara de boa amiga. Alertou que aquele ser estranho já estava à minha espera há um bom tempo. Fiquei surpreso, pois não sabia que naquele dia ele viria, mesmo porque não havia combinado absolutamente nada com aquele ser.

Independentemente de minha surpresa, entrei na minha sala e de plano, logicamente, notei que ele estava acompanhado de uma mulher. A presença daquela senhorita deu um ar menos pesado ao ambiente. Na verdade, ela deixava algo fora dos parâmetros no ar, mas o magnetismo pessoal do homem era tamanho que a sua simples pessoa mantinha o estado de ânimo até mesmo nas plantas que eu tinha naquela sala. Eu sentia isso. Não poderia provar, mas ele tinha alguma coisa diferente. De forma que aquela moça estava servindo apenas de contrabalança. Não deixava a expansão da energia ficar concentrada apenas nele. Ela a retinha somente uma parte para si. Ele dominava a expansão das forças, tinha essa vocação, mas ambos chamavam para si as energias que estavam naquele ambiente, inclusive as minhas. Ela estava ali para isso também, para secarem as minhas forças. Centrada e intensa eram as características dela, mesmo estando ao lado do homem e ao meu lado. Pior de tudo, ao meu lado. Sentia-me fraco e frágil ao lado daquela criatura divina. Era pequeno demais e não tinha forças para emulá-la, não que ela quisesse claramente isso, mas se fosse preciso enfrentá-la, não conseguiria. O brilho de seus olhos ardia a minha visão.

Quando comecei a questionar tais coisas, novamente a paranoia começava a tomar conta de mim. Tinha que voltar para meu claustro de ignorância, sob pena de ficar louco. Aliás, já estava louco quando a demência da busca maldita começou a instigar minha pobre alma. De loucura, acho que já tinha bastante noção, por isso não gostaria de me afundar ainda mais naquele covil.

Sei que deixei transparecer um aspecto aleatório; eles notaram a minha ausência. Eu estava aéreo naquele instante, não sabia se observava aquela bela criatura ou se conjeturava acerca da realidade instalada. Procurei acordar, precisava ficar alerta. Notei que estava sendo observado lentamente por eles. Ela com seu olhar cândido, até parecia que tinha benevolência por mim; ele com seu severo olhar, observava-me com repreensão. Mas aquele olhar severo não era de repreensão castradora, mas, sim, de uma seriedade leal e necessária diante da circunstância. Ele sentiu que eu estava em um outro plano e seu olhar me avisava para apenas voltar e encarar a realidade sem medo ou fraqueza. Ele estava me desafiando, mas me dava a chance de poder demonstrar a minha fortaleza. Seu olhar quase me dizia para eu ficar vivo, não ficar como um ser fleumático e fraco. Queria que eu lhe mostrasse que não tinha medo de uma situação nova e quase desconhecida. Minha leitura acerca daquele momento poderia não ser a mais correta, mas tinha uma boa margem de intuição que estava no norte certo.

O tempo transcorria lento e em curto espaço de tempo, em poucos segundos, um turbilhão de pensamentos navegava em meu mar revolto. Acho que, naquele instante, fiquei estático e sem reação, mas tinha plena convicção que deveria imergir rapidamente. Foi o que fiz, saí e logo os cumprimentei dando boas-vindas aos dois seres. Não hesitei em comentar a presença, de forma absolutamente respeitosa, da bela moça que acompanhava meu cliente. Sei que fui bem aceito em meus comentários, sempre tive essa noção entre ser agradável sem ser tosco. O liame desse limite era de extrema importância para demonstrar o quão era necessário garantir a liberdade alheia, demonstrando que não haveria invasão à privacidade de ninguém.

Logo começamos a conversar acerca do caso do meu cliente, confesso que não estava muito à vontade em falar sobre aquelas coisas concretas e técnicas junto de sua acompanhante. Em que pese ter aceitado meus elogios àquela criatura, o mesmo não me informou de quem se tratava. Limite eu sempre tive, daí porque também não fiz questão em inquirir a fim de saber mais. Mas isso fez com que eu ficasse receoso em afirmar certas coisas e ao mesmo tempo não sabia porque diante de fatos e relatos tão sérios, aquela moça deveria escutá-los. Estava meio atônito, mas nossa conversa fluía magnificamente, apesar de um certo constrangimento de minha parte. Da lógica eu parti, pois se ele estava falando acerca de coisas tão pesadas, não poderia perguntar porque ela estava conosco, já que evidentemente, pela sensatez, ele tinha total confiança nela. De forma que a conversa foi aumentando seu calibre com a fluência de nossos diálogos e eu me sentindo também mais tranquilo. Tranquilo até em demasia.

Naqueles instantes, tive que confessar a mim mesmo que eu estava literalmente sucumbindo à fisionomia daquela criatura. Pior de tudo, eu sentia um certo compartilhamento do meu cliente diante daquela situação; ele era cúmplice. Não havia evidências disso, mas eu sabia mais do que ninguém, meu senso de percepção intuitivo estava muito alerta para me dar uma resposta equivocada. Parecia que ela deixava seu lado feminino expandir; tomar conta de tudo, mas com o consentimento dele. Claro que era ela quem dava o tom da expansão, ele apenas comungava. Sabia perfeitamente que uma certa entrega estava ocorrendo. Isso me causava uma ânsia muito grande. Ficava em dúvida se me concentrava nas palavras do homem ou se me deixava levar pelos relevos de sua companhia. Ao mesmo tempo sentia de forma completamente fora de minhas características, uma necessidade de exibicionismo. Queria, apesar de saber que aquela atitude não era compatível e muito inteligente, demonstrar ser um homem seguro, bem como demonstrar qualidades que nunca tive. Não sabia o porquê daquela necessidade. Parecia que não tinha controle de mim. Não fazia parte de minha personalidade atitudes toscas como aquelas.

Controle, este era um sentimento complicado. Novamente estava diante de um de meus grandes dilemas, controle. Como eu lutava por ele. Acho que sempre foi uma luta desigual. Sempre correndo atrás do miserável; não me dava trégua, sempre estava no prejuízo. Ele sempre largava primeiro.

Controle ou descontrole, a realidade naquele momento era única, estava a cada momento mais afinado com a personagem feminina do que com a própria conversa. Ela, a criatura divina, estava tomando um grande vulto na própria conversa, não apenas um vulto aparentemente físico, mas muito mais do que o real. Avançava em carne e espírito em todos os sentidos. Avassaladora. Não poderia dizer outra coisa senão esta palavra. Imiscuía na conversa com elegância, não falava nem além nem aquém, mas se tornava o centro.

O senhor admirava com parcimônia suas falas; eu a admirava em um transe sem controle. Não sabia direito como poderia encaixá-la na história daquele ser. Eram aqueles fragmentos que de vez em quando me deixavam perdido. E quando queria detalhes de um fato que julgava relevante, os relatos eram dados com perfeição objetiva, mas sentia que alguma coisa não encaixava. Tamanha perfeição que se tornavam profusos. A perfeição não existe, sabia disso. Daí a noção de quebra, ruptura diante dos relatos, mas quando ressoava aquela voz feminina, eu ouvia um anjo entoando seus cânticos. Nem mesmo ficava curioso acerca de minhas dúvidas, apenas queria sentir o som dos anjos ao meu redor. Uma voz lenta e flutuante, um som nunca ouvido antes por mim. Não precisava vê-la, apenas ouvi-la. Poderia fechar meus olhos e esquecer de tudo para simplesmente poder ficar sentindo as palavras dela ressoarem em ondas curvilíneas e maravilhosas. Estava em êxtase naquele momento. Eu queria me entregar e deixar ser levado seja para onde fosse junto com suas palavras. Queria congelar aquele momento. Eles sabiam disso, sei que sabiam, não me importei, havia algo maior que o constrangimento de ficar entorpecido. Por razões além de minha compreensão, não tive vergonha de nada, somente queria continuar a ouvir aquela voz a qual nunca havia percebido sua existência. Que som maravilhoso, ecoante em minhas percepções e distante das coisas sem cor em minha vida.

Aquela manhã realmente estava sendo tão diferente, muitas eram as informações e situações peculiares, que até mesmo por alguns instantes havia esquecido minha condição. Independentemente de tudo, a conversa continuou de modo claro.

Após falarmos de coisas vinculadas ao meu cliente e ao meu modo de trabalhar, começamos a conversar amenidades. Ficava impressionado com o aspecto cosmopolita daquele senhor e a sua fineza ao se referir a coisas e fatos. Não era apenas educação severa e qualificada que aparentemente ele tinha, mas a sensibilidade com que se referia a distintas ocasiões. Ela não precisava de apresentações, ora se mostrava como uma pessoa ingênua, ora era uma mulher segura e madura dando o rumo de suas observações. Além do mais, o tom de sua voz, eu não esqueceria jamais. Considerava-me uma vítima diante de tantas qualidades. Em verdade, no fundo sabia que não era apenas um espectador. Eles eram os artistas e eu a plateia. Assim que funcionava. Estava implícito. Os artistas tentando cativar a plateia. Puro jogo de sedução. Um vampirismo vivo.

Divagações à parte, eles logo se foram. A mim cabia apenas procurar meu caminho solitário. O rumo já havia sido traçado. Pelo menos tinha grande segurança acerca de minhas convicções profissionais. Estava seguro de minha vereda. Apenas tinha uma certa cautela para poder transmitir isso a ele. Agora já não era, aparentemente, somente ao homem, mas a ela também. Havia cumplicidade demais entre ambos. Sabia que ela estava fora de tudo, mas não dava para simplesmente descartá-la em um plano moral. Tinha que demonstrar não só a ele, mas, sobretudo, a ela, já que eu sentia o desejo dele de querer demonstrar a ela que havia feito a melhor escolha quando me contratou. Competência ele tinha até mesmo para escolher as pessoas certas em ocasiões delicadas. Esse era o seu lema. Saber escolher. Eu fui o escolhido, não sabia os motivos direito, mas tinha certeza disso. Ele gostava de demonstrar estar no controle. Não seria diferente ao me procurar. Queria me controlar também, não descartava tal fato. Aliás, era um fato vivo e concreto. Além de tudo, nas condições em que se encontrava, era de fato mais do que importante achar a pessoa certa. Ele tinha certeza que havia achado. Minha garganta ficava seca ao pensar em colocar à disposição dele meus conhecimentos para ajudá-lo, tamanha a minha vontade e medo. Não era somente pelos honorários, mas para demonstrar a ele, digo, a eles o quanto era capaz. Havia honra no meio de tudo isso é claro.

De certa forma, ele havia me colocado diante de uma emulação. Assim, será que você pode realizar? Sabia que poderia até ressoar como uma armadilha para que eu me empenhasse bastante, mas sentia que tinha muito mais por detrás de tudo. Não era ingênuo o bastante para pensar que, de fato, coisas além do trivial existiam. Não tinha a mínima noção do que poderia ser, mas não descartava em hipótese alguma tal realidade.

Ficava lembrando também do pacto e tentava ligar coisas e, infelizmente, não conseguia dar um liame a tudo. Estava meio perdido como sempre estive, tanto na vida quanto na morte, estava perdido e sozinho. Achava até mesmo que nada havia mudado quanto aos meus fantasmas, eles continuavam a me perseguir e nada conseguia fazer. Dúvidas, medos e covardias eram as minhas sombras. Não tinha o norte emocional dos resolvidos. Lutei durante muito tempo e fui vencido, tentei vencer algo maior em um único golpe, mas estava tendo a nítida impressão do meu fracasso. Tinha esperança, não poderia negar. Estava efusivamente pensando, portanto soluções poderiam sair do nada a qualquer instante. Tudo poderia mudar e o clarão da lucidez tomar conta de minha alma.

CAPÍTULO V

O começo

Precisava trabalhar rápido, não sabia ao certo por onde começar para conseguir resultados eficazes. Entretanto, precisava, antes de qualquer medida, ter conhecimentos de fatos omissos em conversas anteriores. Além do mais, precisava checar com mais pormenores situações já referidas. O tempo não me daria tempo. Problemas particulares teriam que ser deixados para depois. A minha condição, àquela altura, era apenas uma condição peculiar de alguém. Não poderia atrapalhar meu trabalho. Deveria procurar superá-la, nem que fosse por algum tempo. Depois a minha busca particular continuaria. O momento era por demais delicado para mim, porém estava tão entusiasmado e engajado que sentia a necessidade de esquecer um pouco de mim. Não sabia se iria conseguir, mas tentaria de todas as formas.

Não poderia perder tempo. De forma que após eles irem embora, comecei a sondar acerca da vida de meu cliente. Houve um contrato entre eu e ele a fim de que a mais pura verdade fosse dita para que, num futuro próximo, a estratégia de sua redenção não sofresse qualquer derrocada. Sabia, por experiência própria, que nem sempre eles dizem a verdade absoluta. Omitem fatos importantes por medo, desconfiança; mera precaução tola, entretanto, não deveria ser assim, mas a natureza impõe certas restrições quanto a isso. Ao profissional deve ser dada toda a confiança, sob o risco de sofrer derrotas homéricas. Lógico que tinha noção que eu na condição de profissional e o diabo, tristemente, sempre foram e serão figuras afins. Andávamos lado a lado sem temor. Não havia mistura, somente um paralelo ao outro. Havia um campo tênue de separação, uma linha contígua. Eu tinha clara noção disso, razão porque nunca impus alguma pressão maior no fito de que a verdade fosse totalmente dita, pois sabia que a verdade, em algumas circunstâncias, não cabe ao alheio.

Deus e o demônio também trabalham assim com as pessoas, nunca dão a verdade total, apenas um rumo à glória ou outro rumo ao inferno, cabe a nós apenas seguir o caminho desejado. Daí porque não hesitava em não insistir na verdade absoluta, deveria trabalhar com as informações recebidas, as consequências disso caberiam ao homem, não a mim. Além do mais, um leigo, não tem condições de distinguir o profissional decente diante do canalha desqualificado. Lógico que eu tinha clara noção que o meu cliente não se tratava de um leigo qualquer, tinha virtudes acima das demais pessoas e tinha vícios que lhe davam a capacidade de enxergar muito mais longe do que eu pudesse imaginar. Seus vícios eram direcionados para seu poder diante de coisas e pessoas. Apesar de estar conjeturando acerca de tais realidades, a verdade era que ele estava no controle.

Ao mesmo tempo em que estava bastante entusiasmado diante daquele caso, sentia-me meio tolo por ter que fazer coisas que não deveria fazer. Iria fazer papel de imbecil. Ridículo, mas estava fazendo papel de uma pessoa fraca, realizando coisas que jamais faria no campo profissional. Meu orgulho estava sendo literalmente atropelado pelos meus próprios propósitos. Tentaria, entretanto, fazer num breve espaço de tempo o trabalho "sujo" para depois fazer o meu verdadeiro trabalho.

Tendo meus objetivos traçados, fui para casa me preparar de forma mais conveniente. Além de tudo, precisava descansar um pouco, sempre que falava com aquele ser, sentia-me muito exausto. Tinha a convicção que aquele cansaço não era comum. Havia coisas estranhas nele. Sentia-me exaurido; tinha dificuldades de raciocínio. Isso me deixava louco da vida. Não poder pensar direito.

Em razão deste peso que sempre carregava ao falar com aquele senhor, procurei descansar bastante, pois o dia seguinte seria muito tumultuado. Como qualquer pessoa comum fui para minha casa, para minha cama. Lembrava-me que nas noites anteriores, não tive bons sonhos, bons sonos. Esperava que esta fosse diferente.

Tudo estava normal quando no meio da madrugada comecei a sentir um forte odor, não sabia ao certo do que se tratava. Até então aquilo não me perturbava, muito pelo contrário, apesar de forte, dava uma ideia de pureza. Como se fosse o cheiro de uma mata em dia de bastante calor. Não conseguia descobrir de onde vinha aquele cheiro, mas ao mesmo tempo, precisava descansar. Tinha necessidade daquilo. Procurei esquecer o aroma por algum tempo, mas era simplesmente impossível. Não que o meu sono fosse incompatível com aquele cheiro, porém ele trazia muita estranheza, já que estava bastante distante de qualquer tipo de mata. Não tinha lógica tal coisa. Levantei-me e fui até o jardim da casa, lá não sentia absolutamente nada. Dentro da casa o aroma se concentrava. Maldição, que loucura era aquela. Fui ao banheiro da casa e o cheiro também lá imperava. Somente dentro da casa havia o odor.

Resolvi ignorá-lo mas sentia que estava diante de um fato impossível e que, ainda, aumentava sua fragrância. Pior de tudo, foi literalmente piorando. Flagelo. Este era o nome daquele cheiro naquele momento, pois se tornou muito forte e insuportável. A piora foi muito rápida. Novamente saí da casa para constatar se o cheiro estava ocorrendo somente lá dentro. Novamente tive a triste constatação. E quando voltei, além do estranho cheiro ter invadido por completo a casa, ouvia frêmitos quase inaudíveis. Não conseguia distingui-los, quase somente os sentia. Mas ouvia, tinha plena convicção daquilo.

Confesso que não me preocupei com os frêmitos como deveria nem estava possesso por não ter condições de descobrir de onde vinha aquele maldito cheiro, mas os frêmitos continuavam. Estava perdido, não sabia absolutamente como resolver aquela situação. Não sabia se saía de casa, se ficava e continuava a procurar o maldito aroma, se simplesmente deixava aquilo para lá. Na realidade, não sei porque, mas não estava nem um pouco apavorado, apenas um pouco sem conforto diante daquilo. Incrivelmente, não tinha medo. Queria apenas entender aquela situação esdrúxula na qual estava metido.

A grande verdade era única, depois de minha loucura tudo mudou. Nada era como antes. Coisas sem nexo estavam acontecendo a cada instante. Acho que havia extrapolado. Não deveria ter ido tão além na minha busca. Talvez a insensatez que tomei tenha sido exclusivamente em razão das buscas de todos os seres humanos, entender a razão da vida. Sempre foi um questionamento simples que não precisaria dar tanta atenção, mesmo porque não se chegará a lugar algum. Mas eu insisti, continuei o desafio sem trégua e acho que me dei mal. O zênite buscado não foi achado.

Enquanto pensava na minha situação, o cheiro foi diminuindo. Diluindo-se, indo embora de forma tão estranha quanto chegou. Estava como sempre muito cansado. Tanta loucura que ignorei tudo e nem quis questionar absolutamente mais nada.

Após tudo aquilo, estava exausto. Não apenas fisicamente, mas, sobretudo minha alma estava cansada de tantas loucuras, tantos fatos sem nexo. Falar em alma, nada se poderia dizer acerca da minha, mesmo porque não sabia ao certo se a possuía ainda. Além de tudo, não sabia nem mesmo como uma alma seria. A única coisa que podia dizer que a minha, se ainda estava comigo, e se um dia esteve, era muito pesada. Sempre foi pesada demais para mim. Acho que não merecia ter algo tão carregado, ela exigia demais de mim, pedia o impossível e questionava aquilo que não há resposta. Queria coisas que não podia retribuir. Fatalmente, toda a loucura começou quando ela começou a exigir demais. Vivia sob pressão constante. Dia e noite aquela ânsia incontida perseguia-me de modo implacável. Não pude resistir e sucumbi. Entreguei-me para sempre.

Quando do ato compulsivo nem mesmo tinha ideia da dimensão de tudo aquilo, acho que foi apenas um ato de desespero. A cada momento aumentava aquele sentimento aleatório provocando um desespero para sair daquele claustro. Tudo isso foi a causa maior de ter feito o pacto do qual não sabia as suas consequências. Não houve começo, meio ou fim, eu apenas pedi para não sofrer mais. Sei que foi egoísmo, mas não aguentava tanta dor. Queria me libertar. As pessoas devem ter benevolência para com aqueles que têm dor. Só eles sabem o quanto a caminhada é difícil e penosa e nesse ínterim tudo pode acontecer, inclusive, a entrega absoluta.

Voltei para minha cama e procurei dormir um pouco mais, já que o dia ainda demoraria para nascer. Incrivelmente, consegui dormir bem e acordei melhor ainda.

Naquela manhã estava meio preocupado com as coisas que deveria fazer para o meu cliente, entretanto resolvi simplesmente ignorar tudo e ficar em casa. Não foi uma decisão racional, fui movido pela intuição. Precisava analisar direito tudo aquilo. Teria que compreender tudo, precisava ligar fatos de forma mais estruturada; não poderia aceitar tudo como se fosse natural, pois de modo algum era. Teria que imbuir em meu coração e mente que aquele cliente estava ligado à minha condição. Estava vivendo a loucura, mas não a ignorância. São coisas distintas; tinha plena convicção daquilo. Sabia que nem tudo era fácil e simples. Há coisas que sabemos, mas não podemos demonstrar ou explicar. Apenas existe. A morte, por exemplo, existe, porém ninguém conseguiu explicá-la. Nem a vida. Triste realidade, não conseguir explicar nada. Como se houvesse um vácuo acerca de temas centrais que envolvem a vida em seu começo e fim.

Já estava completamente disposto a ficar em casa quando meu telefone tocou. Naquele instante, também, minha alma ficou alerta. Alguma coisa singular havia naquele som. Fiquei ansioso para atender ao telefone, como se soubesse que algo maravilhoso poderia acontecer. Obviamente não havia razão plausível para tal expectativa.

No entanto, o dia realmente estava diferente, talvez alguma coisa pudesse acontecer e mudar o rumo de tudo. Não sabia exatamente o que, mas sentia que algo poderia se mover para o bem e mudar o meu norte. Havia coisas diferentes no ar. Não compreendia, mas sentia como se sente à vida sem poder compreendê-la em sua essência. Havia rumores. Por tudo que era sagrado, havia rumores. Fiquei pensado no momento presente, preocupado com o futuro, relaxado com o passado. Precisava viver. Apenas isso, precisa viver a vida na sua grande intensidade. Mesmo na minha condição. Acho que por isso estava sentindo aquela intuição sem nexo. Fome de vida. E enquanto questionava, o telefone ia tocando de forma intensa.

De súbito atendi e ouvi aquela voz ecoante e maravilhosa. Percebi imediatamente que era ela, a companhia imensurável de meu cliente. Sua voz pelo telefone parecia ser mais fascinante ainda. Só achei estranho ela ter me ligado. Não havia razão plausível para isso. Fiquei meio atônito sem saber o que deveria fazer antes mesmo dela dizer uma palavra.

Do nada, as coisas começaram a mudar. Não tenho o direito de usar essa expressão "do nada", muito pelo contrário, da origem, do começo, da raiz da vida, as coisas começaram a fazer sentido; sentindo em seu aspecto literal, vontade verdadeira de sentir o desconhecido e vislumbrar aquilo que a vida oferece e que jamais me foi oferecido. Mas a minha intuição não havia falhado, a vida estava dando a mim a chance de senti-la; ao meu lado o impulso de sentir e explodir sem chance de questionar. Era isso, não poderia questionar, apenas seguir em frente e fluir aquilo que desconhecia. A alma implorava e o corpo não tinha força suficiente para impedir qualquer coisa. O espírito tentava dar o comando para controlar ambos. Mas não adiantou, a boca ficou ressecada lentamente. Vida em razão da própria vibração imposta pela alma. Tremor sem controle, mas livre. Livre para sentir e voar para o tudo. Vida na morte, não interessava, apenas queria senti-la naquele instante.

O descontrole, fruto do caos, teve sua origem verdadeira no começo de tudo. Tudo veio do caos. Do caos à harmonia. Talvez por isso as pessoas se descontrolam para justamente adquirir a harmonia tão desejada. Estava em transe, enquanto ela falava, um bilhão de pensamentos me atormentavam. Mal conseguia entender com nexo as suas palavras. Somente sabia que estava inebriado, envolvido. Tal fraqueza tomou conta de mim naquele momento, estava me sentindo um tolo que do nada começou a ter sensações fora de seu alcance.

Suas palavras ressoavam magnificamente. Queria ouvir de perto. Ao vivo, sem a intervenção do telefone. De forma que prontamente a convidei para uma conversa pessoal, mesmo porque ela em tese teria muitas coisas para me contar acerca dos fatos que envolviam o meu cliente. Fatos que me interessavam. Eu precisava entender algumas coisas a mais sobre toda a história que ele havia me contado. Estava ansioso para descobrir algo mais. Quem sabe ela, por algum motivo, não pudesse desvendar o lado escuro daquele ser.

Naquele momento, não sabia direito, mas bateu um sentimento de traição. Na realidade, objetivamente, não tinha razão de ser, mesmo porque estávamos conversando sobre coisas profissionais, não havia motivo para qualquer tipo de envolvimento que fugisse daquilo. Além do mais, gostaria de detalhes adicionais sobre o que não havia compreendido antes, com ou sem o consentimento do homem, precisava descobrir coisas que fatalmente iriam me ajudar.

Ao mesmo tempo sabia que era conveniente falar com ela a sós para suprir a minha alma. Profissionalmente, tinha convicção que aquilo não era o caminho mais correto. Mesmo que ela estivesse insinuando algo profissional ou não, o melhor seria sempre ter contato com o homem, não com pessoas adjacentes a ele. Mas ao mesmo tempo, novamente, sentia aquela cumplicidade no ar. Talvez ele mesmo tivesse pedido para que ela me procurasse. Em todo caso, não hesitei em procurá-la. Deixei o futuro tomar conta da situação. Já havia feito tantas loucuras que mais uma ou menos uma não iria mudar a situação, ou, quem sabe, a mudasse de maneira drástica. Na realidade, sendo ou não ético, marquei um encontro para aquela manhã. Procurei não dar muita atenção às coisas que ela havia me falado pelo telefone. Enfatizei, no entanto, a necessidade de conversar pessoalmente para, face a face, tudo ficar mais claro. Apesar da minha vontade de encontrá-la, não poderia em hipótese alguma deixar de lembrar que estava diante de fatos de um peso muito maior do que o normal, razão pela qual não poderia apenas tentar conduzir o encontro ao meu bel-prazer. Deveria, sobretudo, ter calma e ser conveniente frente àquela realidade. Não sabia, de fato, o motivo dela ter me procurado.

Desde o início não entendi a relação do homem com aquela criatura maravilhosa. Era um enigma a ser desvendado. Ficava pensando como uma pessoa tão carregada e fria poderia ter ao seu lado uma criatura tão cândida. Em verdade, não poderia dizer com convicção acerca de seu lado imaculado. Criei uma imagem. Tudo poderia ser falso. Ela poderia ser uma profana fazendo uso dos desejos daquele ser imundo. Seguindo uma lógica um pouco mais fria, tal conclusão seria bastante plausível. De qualquer modo tinha que ouvir sua voz bem de perto para aumentar as minhas convicções sobre tudo o que estava ocorrendo e o que estaria por vir.

O futuro a Deus pertence, mas do passado o demônio toma conta. Tinha que caminhar para o futuro e esquecer um pouco o meu passado. Precisava de coragem. Estava cansado dos uivos de um passado fracassado.

CAPÍTULO VI

Encontro

Não seria tão ruim assim encontrá-la, pois talvez pudesse esclarecer fatos importantes, por que não? Acho que tinha a mania de sempre pensar no pior caminho. Por que não pensar que tudo poderia ser facilitado e com a ajuda daquela criatura eu ficaria menos aflito? Ou talvez a máscara caísse e eu a desmistificasse e assim poderia desenvolver um trabalho absolutamente profissional, não vinculando sua presença ao meu trabalho. Precisava destas convicções para seguir em frente com minha alma mais leve. Precisava acreditar um pouco nas histórias insólitas do homem e ter forças para ir adiante. De forma que fui ao seu encontro com muitas dúvidas, ansiedades e um pouco de temor. Acho que naquele instante o temor era a tônica maior; me sentia um traidor. Parecia que não deveria ter marcado aquele encontro mas, independentemente de qualquer coisa, uma força maior me chamava, não apenas pela atração que aquela mulher me causava, mas principalmente pela busca de respostas que tanto precisava para desenvolver o meu trabalho, dar sentido à minha própria vida. No fundo de minha alma, sabia que para o trabalho seria extremamente interessante, pois tinha muita certeza que ela me iria dizer coisas diferentes, apesar de, no plano racional, ter a convicção de que iria àquele encontro por motivos diversos. Estava realmente interessado naquela criatura divina. Havia sucumbido. Precisava descobri-la, entender sua existência para suprir a minha. Era assim que me sentia, meio dependente naquele momento, necessitava que ela estivesse perto de mim. Maluquice ou não, tinha essa necessidade premente.

De forma que saí de casa meio atordoado e fui a seu encontro. No caminho uma sensação de êxtase tomou conta de mim. Incrível aquele sentimento de leveza e esperança.

Nada tão interessante havia sentido antes, a paisagem estava repleta de coisas que jamais havia percebido em toda a minha vida, mesmo sabendo que tais coisas sempre estiveram lá, apenas não percebia com a visão tida naquele momento. Sensação divina de comunhão com alguma coisa maior do que as minhas angústias, meus medos. Não entendia direito a razão pela qual me sentia daquela forma diante de uma situação, em tese, conflituosa. Na realidade, não queria dizer a mim mesmo que aquela criatura era a razão daquele estado. Tinha medo de já estar sendo "manipulado", entregado a minha energia para alguém. Sempre tive tal medo, o medo da entrega. Paradoxalmente, não tive medo de me entregar à morte, mas sempre tive a grande noção de entrega para ter algo maior em troca, talvez por isso houvesse feito uma entrega tão inusitada.

Quando cheguei ao local marcado fiquei esperando, ela não havia chegado ainda. Eu estava feliz, era como se a minha vida fosse algo simples, nada de fórmula mirabolantes e questões complexas para enfrentar. Tudo muito simples como devem ser as grandes coisas. Estava em estado de ingenuidade, sentido-me uma criança efusivamente tranquila que não enxerga as dificuldades do mundo. Esquecia a minha condição surreal e comungava com a vida como nunca havia feito. Estava esperançoso. Estava em estado de graça.

Repentinamente ela apareceu e a sua presença estava mais forte do que nunca, não era aquela do encontro com o homem em meu escritório, mas uma presença firme e, ao mesmo tempo, suave. Até mesmo aquele lado feminino exacerbado estava mais contido, mas não desaparecido. Muito pelo contrário, a sensualidade sutil lhe era imanente, não havia como desconsiderá-la, jamais. Suas mãos ainda gesticulavam com enorme lassidão, mas muito distante da torpeza. Seu olhar centrado demonstrava uma busca interior muito intensa. Muita energia pessoal possuía aquela criatura. Sua fala pausada nunca se transformava em um som enfadonho, colocava as palavras certas na hora exata. Tinha grande poder de persuasão. Sabia que estava diante de uma pessoa especial e maravilhosa, não podia negar isso nem mesmo se ressuscitasse para a vida.

Durante a sua fala, deu-me um profundo arrependimento de estar naquela situação tão estranha, eu tive lampejos de lucidez, no sentido de que a vida se resumia de forma fixa na contemplação daquela comunhão que estava tendo com aquela mulher. Enquanto ela falava acerca do ser estranho e de si mesma, eu apenas a admirava. Falava de temas pessoais e de fatos grandiosos para que eu pudesse desenvolver o meu trabalho, coisas que deveriam ter sido ditas pelo homem para uma melhor compreensão de tudo, mas naquele momento aquilo ficou sem importância, sem sentido, os assuntos relacionados a ela foram os que passaram a me interessar.

Eu tinha apenas uma visão um pouco antes dela falar e uma direção do rumo o qual deveria tomar, mas quase repentinamente tudo perdeu o sentido. Uma guinada muito forte tomou conta de mim. Havia sentido um renascimento muito intenso. Como se tudo o que havia feito durante minha vida se perdesse, nada era como antes. A minha busca insana também ficou vã. As lógicas e complexidades das situações vividas foram varridas com o vento das palavras daquela mulher. Não estava hipnotizado, não vivia uma ilusão, vivia a verdade diante de mim, via o sentido maior de tudo, somente não sabia que ele era tão simples, tão espontâneo e fácil de ser sentido e, principalmente, percebido. Sentia-me um grande tolo ao ter buscado coisas que jamais iriam me dar algo de volta. Sentia-me um idiota por nunca ter percebido isso antes.

Queria permanecer assim por toda a vida, mas sabia que a vida para mim já era mórbida em razão de uma busca interior que deveria ter sido buscada fora de mim, não dentro. Dentro de cada pessoa só deve haver uma fortaleza para se buscar a contemplação fora e interagir com o interior, o ego e o próprio eu eterno. Fiquei imaginando como fui estúpido em buscar respostas, sendo que as maiores respostas para minhas questões estavam tão explícitas. Orgulho de ser óbvio como todas as pessoas. Não queria ser comum, por isso não poderia ver o simples, assim, não poderia contemplar o trivial. E estava a todo tempo em minha frente, deixando claro que a humildade é extremamente importante para entender as coisas. Quis ter um pensamento superior, uma busca insana que jamais teria fim, como não teve, mesmo tendo feito a entrega de minha vida para obter respostas que estavam ao meu redor, junto de mim. Como a torpeza humana pode ser tão egoísta a ponto de se destruir? Flagelo, era isso que estava sentido, mas ao mesmo tempo não parava de sentir a vibração daquela mulher que exalava vida.

Pensamentos à parte, ela foi descrevendo coisas horrendas acerca daquela criatura fora dos padrões, não sabia se acreditava ou simplesmente as desprezava, não queria acreditar que ele pudesse ter feito tudo aquilo, mas realmente poderia ser como ela descrevia. A conversa foi ficando muito pesada e em alguns momentos perdia o vínculo com a maravilhosa sensação que estava sentindo. Descrevia coisas que não poderia imaginar. O mais estranho de tudo é que eu muito me identificava com as torpezas daquele ser imundo. Apesar das coisas horrendas ditas por ela, eu estava com o coração gélido diante de tudo. Não que não as abominasse, mas ao mesmo tempo não conseguia manter o desprezo proporcional aos deletérios praticados pelo monstro cego e egoísta que era aquele homem.

O egoísmo do homem era extremo a ponto de submeter todas as pessoas que estivessem a seu lado ao seu bel-prazer. Não media consequências para tanto, aos amigos o claustro com um pouco de pseudodeleite e aos inimigos, se fosse o caso, até a morte. Não a morte trivial, mas a morte dos desejos mais profundos. Ele tinha a capacidade de aniquilar as pessoas por meios oblíquos a ponto de torná-las escravas de si mesmas. Era um grande manipulador de ego, de alma; de tudo. Não tinha limites. O limite era o poço que a pessoa mesma criava para si. Quanto mais profundo maior seria a queda.

A criatura divina estava dentro deste claustro, desta prisão invisível, não poderia fugir. Era uma redoma de aço comprimindo seu coração e alma. Precisava ser liberta das próprias amarras que ela própria havia criado com a comunhão ao homem. A sua prisão estava selada para sempre, precisava de ajuda. Talvez, não sei por qual motivo, tivesse visto em mim a possibilidade de ajudá-la, mas não sabia ela que quem mais estava sendo ajudado era eu, e justamente por ela. Éramos seres parecidos. Tivemos monstros invisíveis ao nosso redor durante toda nossa existência. Tínhamos um grande encosto ao nosso lado. Precisávamos ser ajudados. Queríamos uma saída rápida. Cada um procurava a sua. Eu já havia tentado um caminho e ela estava tentando o dela. Nós nos encontramos diante de um sofrimento comum. A dor da prisão de não poder, por si só, espantar os demônios que nos perseguem noite e dia em todas as estações de nossas vidas. Éramos seres conduzidos pela força de um rio turvo que desaguava na vala dos comuns. Talvez por isso tentei fugir e não ir para o lugar deles, mas sabia que muito provavelmente não teria sido muito feliz em minha escolha. Para escapar das amarras invisíveis, deveria ter ouvido, seguido e me protegido na fortaleza de meu coração. Cometi um grave erro. Ela talvez fosse mais lúcida e por isso me procurou, mas quem a achou fui eu.

Naquele momento de entorpecimento não sabia se me concentrava nos fatos contados ou me embriagava na imensidão daquele sentimento. Aos poucos fui descobrindo que não poderia misturar as duas coisas e pedi que parasse de contar tudo aquilo. Falei que bastavam todas aquelas informações. Eram suficientes para ter uma noção de tudo. O restante eu afirmei que falaria com ele; prometi manter sigilo acerca de nossa conversa. Prometi no fundo de minha alma, mesmo porque ela me implorou tal condição.

Naquele exato instante não sabia a quem deveria ser fiel, mas também não tive dúvida que antes de tudo, deveria ser fiel a mim mesmo. Estava dentro de um grande conflito pessoal, de um lado o aspecto profissional e do outro um sentimento louco que havia realmente tomado conta de tudo, não sabia direito para onde ir, sabia que precisava de luz, lucidez era a palavra exata.

Após pedir que parasse, ela não me olhou com repreensão, mas com complacência. Acho que tinha a nítida noção de tudo. Acho que no fundo sabia que eu não poderia ajudá-la como queria, eu era um simples ser. Estava desesperada e em razão de eu ter tido, em tese, a confiança do homem, ela deve ter pensado que eu poderia de alguma forma influenciar algo a fim de tirá-la daquela prisão. Pobre criatura, não poderia imaginar que a minha força era muito pequena para afrontar aquele ser.

A nobre e frágil moça estava se debatendo para a morte, mas talvez não soubesse que eu já era a própria morte personificada. Senti ser um grande inútil naquele momento. Fraco e fracassado. Pior de tudo, um grande ingênuo.

Ela sabia que eu tinha ficado muito impressionado com os fatos; sabia, principalmente, também, a grandeza de sua pessoa perto da minha. Ela tinha clareza de seus dons e poderes diante de mim, mas não sabia tudo, se soubesse, não teria me procurado. Acho que por algum motivo além de meu conhecimento, gostou de mim; talvez quisesse me proteger para ser protegida. Talvez quisesse somente uma troca etérea para se fortalecer diante da força maligna daquele ser que sempre lhe acompanhou.

Achava que ela tinha essa visão de mim, assim, talvez algo pudesse acontecer. Sabia, entretanto, que se quisesse algum envolvimento com aquela criatura, não tinha dúvida que deveria demonstrar força e muita fortaleza. Ajudá-la era necessário. Não bastava demonstrar ser uma pessoa segura, mas, uma pessoa além do comum e com condições de assumir consequências. Essa era a grande questão e o pivô de tudo, tanto para mim quanto para ela, assumir consequências.

Eu prometi ajudá-la, queria, necessitava ajudá-la, para minha própria salvação, somente assim, poderia seguir a minha busca real. Talvez o ouro de tolo.

Saí do local de nosso encontro e ela ficou lá parada, aquela postura me deixou meio constrangido, mas procurei não deixar que aquilo causasse mais transtornos ainda, já os tinha em demasia. Tentei, sobretudo, não dar importância aos fatos narrados, deveria simplesmente agir como um profissional bastante imparcial, nunca se deve misturar emoções com a profissão; são aspectos que não devem andar muito próximos, pois um tem cunho bastante subjetivo e o outro muito objetivo. Campos distintos que não se devem misturar quando se trata de trabalho. Nunca deveria esquecer que, em tese, o meu encontro com aquela senhorita estava diretamente ligado ao trabalho; se outras coisas fluíram, em verdade não deveriam ter ocorrido. Mas, o alarmante era o sentimento de existência de reciprocidade. Não era apenas vontade de ter ajuda, a minha presença causava um certo impacto naquela criatura. É a lei da ação e reação. Sei que lhe causava algo diferente, ela não era insensível, muito pelo contrário, daí porque tinha plena convicção de sua capacidade de captar as coisas ao seu redor. A minha energia era direcionada a ela. Todas as minhas forças escorriam para seu rumo. Ela percebia isso claramente e deixava fluir sem qualquer percalço. Ela não deixava o vulto do transtorno atrapalhar a canalização de forças que iam ao seu rumo. Ela dava-me literalmente coragem.

Meus pensamentos ficaram vagando de um lado para o outro nesse sentido, entretanto, após sair de perto daquela criatura comecei a vislumbrar um mundo mais ameno, o dia, aquela manhã, o Sol me permitiam sentir isso também. Estava um pouco úmido e o calor do Sol não batia em minha pele com muita força, apenas suficientemente para me dar luz e alento para a vida. Deveria agradecê-los todos os dias por me sentir vivo, mesmo não tendo direito de falar isso com tanta convicção e propriedade.

Já não sabia direito se iria direto para o escritório ou se voltava para casa. Resolvi voltar para casa e ficar lá até o começo da tarde, quando então deveria seguir para o escritório. A minha maior preocupação não era apenas com o meu cliente, mas o vínculo que havia sido traçado com aquela mulher. Por incrível que pareça o caso em si não estava me dando tanto ânimo como antes, e esse aspecto dentro de meu âmbito profissional para mim era muito grave, porém existia uma peculiar realidade naquele momento. Toda a minha atenção estava voltada para aquela criatura, não sabia se deveria deixar aquilo escorrer entre os meus dedos até perder o controle ou se abria mão de uma vez e deixava tudo acontecer com a maior naturalidade possível. Para variar estava diante de meu novo grande conflito. Não queria aceitar tal situação, mas não havia como negá-la, era impossível não ver o óbvio. Paradoxalmente sempre procurei ver o óbvio, mas nunca o tinha achado. Naquele instante, naquele lampejo de contradições e dúvidas, senti em meu coração que enfrentava o sentimento mais puro de toda a minha vida, deveria realmente dar importância real para a criatura mesmo em detrimento de meu trabalho, mesmo em detrimento de tudo. O resto deveria deixar para depois.

Esse era o meu caminho e só não o seguiria se fosse contra tudo aquilo que havia em minha alma. Não adiantava eu querer lutar contra forças mais ferozes, já havia perdido diversas batalhas justamente por ir contra mim mesmo. Estava cansado daquela luta insana. Deveria seguir o meu lado subjetivo e esquecer dilemas objetivos, os quais nunca me levaram a nada. Aliás, me levaram para um lugar o qual estava tentando entender. Um lugar escuro que só me fazia ver coisas as quais deveria ter visto antes.

Cheguei em casa feliz por ter tido a coragem de dizer aquilo para mim mesmo, não tinha remorso nem dúvida, deveria apenas seguir as ordens de minha alma, se ela ainda existisse, com todas as minhas forças. Não sabia que sentir aquilo era algo maravilhoso, ter liberdade no coração é a grande razão de tudo. Estava leve e feliz, mesmo diante de uma situação da qual nem mesmo tinha controle. A própria adversidade não me dava medo, apenas era alguma coisa que poderia ser resolvida, não a encarava como o fim, mas apenas um começo de uma grande realização. Como era grande a minha satisfação diante das coisas. Estava muito realizado. Tinha forças de sobra e a vida pulsava intensamente. Nada interessava naquele instante de verdade absoluta, apenas o sentimento de poder ver a grandeza de tudo sem medo ou dúvida. Dúvida era algo que não existia em meu dicionário naquele instante, tinha apenas fortaleza interior. Era uma rocha indestrutível, nada poderia deter a energia que emanava de algum lugar e se centrava em mim. Deus estava em mim em seu sentido literal. Tinha muita força e esperança. Duas coisas que estavam entrelaçadas em um círculo, uma dando razão à outra e assim tudo acontecia de modo harmônico sem empecilho de nada. A fluidez do universo estava instalada e bem concentrada naquele sentimento limpo e livre. Livre, simplesmente livre. Ele era grandioso como a força do mar e a própria imensidão do céu.

Naqueles instantes de puro êxtase, não tinha compreensão de tanto sofrimento anterior. Não havia sentido em tudo que sentia, a própria entrega era algo meio, aliás, completamente, sem nexo. Não tinha razão de ser. As lágrimas e a sofreguidão eram tão distantes que mais pareciam sonhos nebulosos de um passado extremamente vazio. Ficava apenas em dúvida com a perspectiva de como a vida poderia ter mudado de forma tão abrupta de um momento para outro. Independentemente de tudo, estava curtindo bastante aquele momento de lucidez.

Nada, mas nada mesmo, neste mundo pode ter a liberdade de um pensamento vivo sem dúvidas inerentes para lhe atrapalhar. Isso é a própria felicidade viva, sem resquícios de quaisquer coisas. Era a glória de Deus em mim, o Divino encarnado em um pobre ser.

Gostaria que aquele momento fosse congelado para sempre, queria ficar embutido nele, fazer parte infinitamente da sua literalidade. Não sabia como fazê-lo, mas queria muito me sentir assim para o resto de minha existência, talvez esse fosse o propósito maior da vida, alcançar este estado de espírito. Apenas ficava um pouco encabulado com a minha condição de morto-vivo, vivo-morto, mesmo assim, não havia impedimento algum para absorver a liberdade que tinha em meu coração. A força era real demais, não havia como detê-la, era viva o bastante para esparramar seu prana.

Estava tão leve que, em casa, o gato nem se manifestou, sabia que ele havia se resignado com a minha condição, talvez por piedade. Mas naquele dia, ele apenas me ignorou. Acho que foi um grande avanço. Sabia, antes de tudo, que quem realmente tinha crescido era eu mesmo, algo extraordinário ocorreu comigo, não tinha dúvidas. A plena convicção era presente, real e encarnada em mim. Tinha que desfrutá-la em todos os seus fragmentos, ângulos e perspectivas. Não deveria em hipótese alguma pensar que era tudo transcendente, mas absoluto. Transcendentes seriam as consequências do absoluto que estava sentindo, objetivamente já tinha sido injetado de ânimo e força para lutar e sentir tudo o que alguém pode sentir, porém tinha convicção que era só o começo de uma nova vida. Iria, sim, transcender.

Uma visão superior me dava a condição de poder gritar para todos, principalmente para mim mesmo, que em minhas veias não existia somente o mal, poderia fluir também o excelso. Mesmo que tudo ocorresse errado e minha cabeça ficasse latejando de infelicidade pelo resto da eternidade, precisava tentar solidificar aquela condição de paz. Tinha que ter a certeza não somente no plano da intuição, porém dentro da lógica objetiva que tudo que estava passando poderia continuar para sempre sem qualquer tipo de atropelo.

Esplendor! Vivia o auge de um veneno bom, entorpecido, paralisado no êxtase e preparado para ser lançado para o paraíso sem remorso e dor. A verdadeira boa morte de quem viveu bem a vida deve ser assim, paz e muita luz. Sentimentos assemelhados e a tranquilidade dos anjos se esparramavam em minha alma naqueles momentos de deleite. Lembrava das horas escuras vividas e de suas opressões. Lembrava o quanto a noite demorava e o dia, em seu tom monótono, era meu inimigo. E na madrugada fria, ou mesmo quando estava quente e seca, que só colaborava para aumentar a minha languidez. Não me interessava se a cidade era atormentada ou vazia. Apenas em minhas introspecções algumas coisas faziam sentido.

Mas não poderia deixar de esquecer da minha condição. Desgraçadamente, o sentido claro do futuro era sem rumo, sem norte. Era a morte me perseguindo para o caos. Mesmo o maravilhoso barulho da chuva não me daria paz quando voltasse um pouco do êxtase para o mundo real. Eu insistia, pedia paz sempre, entretanto era muito distante de mim. Como uma coisa onírica que jamais poderia alcançar. Momentos terríveis havia vivido e por eles havia entregado tudo, em busca justamente daquilo que estava vivendo naquele instante. Mas a paz verdadeira, eu sentia que não poderia se instalar em mim. Era um maldito!

Mesmo assim, tinha certeza que apenas vivia a convicção de um rumo; de uma vereda na qual poderia me levar para o fundo da perdição ou elevar o meu espírito para além de tudo que alguém pode querer viver mesmo no meio do puro horror. Não queria saber se poderia haver corte exposto em minha alma, pois acreditava que tudo poderia valer a pena diante daquele estado. Já que não poderia congelá-lo, deveria vivê-lo com grande intensidade. Não queria sentir o vazio de antes, minha alma não estava em redoma de vidro, presa em farpas de aço. Apesar de tudo, ela estava livre, ressoava com o tempo e sentia o vento bater em seu vulto.

Ela seguia e sentia, apenas naturalmente, como a vida com ele sempre deveria ser. Queria ter esperança!

CAPÍTULO VII

Norte simplório

Saí de casa sentindo aquele maravilhoso estado de espírito. Estava feliz, incrivelmente feliz. Não havia razão para tanto, pois não havia acontecido absolutamente nada de concreto, apenas adquiri uma visão diferenciada da vida. Observei e principalmente, senti a vida como ela deveria ser, como sempre deveria ter sido. Tinha um norte simplório que naquele momento eu o possuía naturalmente. Um mero rumo, por isso estava feliz. Patético, mas estava, não havia como negar aquilo. Não sabia se realmente poderia continuar me sentindo assim por muito tempo, apesar de querer continuar dentro daquele mundo no qual os problemas são simples e podem ser resolvidos com um pouco de esforço. Não precisava lutar contra mim mesmo, apenas contra os outros e determinadas situações, não era como antes que tinha que lutar contra o mais real e forte inimigo, eu mesmo. Com um inimigo desse porte, não tenha dúvida, sucumbir à desgraça era apenas uma questão de tempo. Não podemos e nem temos forças para lutar contra nós mesmos. Somos por demais poderosos. Uma luta interna que implode a alma esfacelando seus pedaços para todos os lados; pior de tudo, dá um rumo aleatório à pobre coitada. Tudo que não queria sentir em hipótese alguma, mas que poderia acontecer a qualquer momento. Tinha quase convicção disso, infelizmente tinha. Apesar de tudo, não procurava questionar muito, tal possibilidade, fiquei muito mais no plano do deleite e da pura satisfação. Elas eram absolutamente fantásticas, indescritíveis.

O tempo passava lento e isso me fazia bem, não corria contra ele, apenas o observava rastejando ao meu lado. Ele não era meu inimigo, caminhava comigo me empurrando para o futuro, não havia razão para correr dele, estávamos em plena harmonia. Acho que por tal razão ele não estava tão rápido, caminhava simplesmente comigo sem me pressionar.

Tudo estava em seu eixo, as coisas caminhavam bem naquele instante, sabia disso, mais do que simplesmente saber, sentia isso. Sentir é muito mais elucidativo do que saber, aquele vem da intuição pura enquanto que saber tem a sua origem na visão simples, objetiva. Esta é limitada por meras informações, não tem dimensão maior, mas o sentir é diferente, vai muito além. Transcende tudo, vem do espírito; de um conhecimento muito além da nossa própria compreensão.

Sentia e sabia que estava caminhando bem, pelo menos tinha um rumo, o restante eu daria um jeito. Minha alma não estava vazia e nem procurava coisas complexas para tentar compreendê-las.

Evidentemente que grandes preocupações rondavam minha mente, mas depois que realmente assumi que estava diante de uma coisa maior e não senti medo de enfrentá-la, tive a convicção de que poderia, sem sombra de dúvida, confrontar-me com qualquer coisa. Tinha forças, fortaleza em meu coração. Não tinha medo de lutar, muito pelo contrário, encarava isso como um desafio que poderia ser vencido de qualquer modo por mim.

Diante daquilo tudo, não poderia deixar de ficar meio receoso com tamanha convicção, porém esse era o sentimento que imperava naquele momento, não poderia puramente descartá-lo ou começar a questionar a minha própria força. Ficava no meio de um dilema entre o meu sentimento de força e a minha própria desconfiança objetiva que pressionava um pouco, apenas um pouco. No fundo não lhe dava a importância devida, estava feliz demais para questões, dilemas ou medos. Segui o meu caminho de paz, seguia como um homem comum e feliz para o seu trabalho. Um homem simples em mais um dia seguindo a sua rotina normal.

Acho que era assim que gostaria ter sido taxado naquele momento. Gostei muito do comum que tanto repudiava, ele era simples mas não simplório. Eu sim, vivi durante muito tempo dentro de meu complexo mundo cheio de conturbações e dilemas insolúveis. Naquele local não havia paz, nem havia luz, somente escuridão e elucubrações infinitas que jamais me levaram a lugar algum, somente ao ato desesperador de sair de minhas dúvidas e entregar a minha vida a sabe-se lá o quê.

Mesmo tendo toda a lucidez da loucura que tinha feito com a minha própria vida, não estava arrependido, pois talvez se não tivesse feito, não teria vislumbrado todo aquele sentimento de convicção diante de um sonho que era desconhecido, mas que foi descoberto em um lampejo lúcido de luz, por uma simples luz de vela.

Estava contente e pronto, não valia a pena questionar as razões de meu estado de espírito, queria apenas senti-lo dentro de sua plenitude maior, por isso, caminhava e ia sonhando com o presente e o amanhã. Na realidade, os sonhos normalmente são para o futuro, mas para mim naquele momento os sonhos eram o próprio presente e ao futuro estaria reservado à extensão de meu presente.

Mas nem tudo eram flores. Quando cheguei ao escritório, minha secretária estava com um rosto horrível, parecia que tinha visto algo que a assustou, que havia ocorrido alguma coisa muito grave.

Cheguei devagar e lhe perguntei se havia acontecido alguma coisa. Ela simplesmente fixou em mim, olhou para os meus olhos e questionou o quê eu havia feito comigo mesmo. Naquele instante, fiquei atônito, não pude responder, não tive forças para absolutamente nada, não sabia se relevava a pergunta ou se dava alguma resposta. O mundo literalmente desmoronou em cima de mim. Aquele sentimento cândido que estava tendo foi embora em um estalo. Tudo virou ruínas. Seus olhos tremiam ao encarar os meus. Fiquei perdido, toda a apreensão que passei a minha vida inteira voltou abruptamente e com muito mais intensidade. Um tiro seco, uma facada nas costas. Senti um aperto ríspido na alma. Tudo perdeu o colorido e ficou cinza. Naquele instante eu mesmo questionei o meu ato insólito, a minha loucura, minha vida ordinária e até mesmo a pseudomorte ou verdadeira, sabe lá o quê, pois não tinha noção exata do acontecido. Somente sabia que alguma coisa extremamente grave havia feito comigo mesmo para alcançar o desconhecido, mas que por alguns motivos já não eram tão esdrúxulos assim.

A ignorância me levou à insanidade; apenas tinha fugido do comum e ido para o complexo e, ao final, notei que o comum é maravilhoso e deve ser cultivado sempre, mas infelizmente acho que já era tarde demais para retroagir diante da loucura. Já havia feito a entrega e precisava ver o seu resultado, sabia que suas consequências viriam como de fato vieram, talvez o remorso teria sido a primeira e mais cruel de todas. Meu mundo estava sofrendo um grande e grave terremoto. O sofrimento agônico dava o ritmo aos gritos de minhas fraquezas. Estava literalmente sendo aniquilado por um simples, mas profundo olhar. Eles eram verdadeiros e comecei a descobrir o medo que sempre tive das verdades. Escondi-me por longos anos na escuridão das mentiras e dos medos insanos. A verdade sempre teve um brilho além de minha condição. Não poderia suportá-la, queimaria a minha alma, precisava das sombras para ter as sobras da vida. Era fraco, fui fraco e não poderia imaginar tendo os louros das verdades que existiam em meu coração, mas que fugiam de minha mente corrompida por meus ferrenhos fantasmas.

Enquanto ela continuava olhando fixamente para mim, fiquei sem ação e sem nitidez de tudo. Naquele instante o homem apareceu saindo de dentro de minha sala. Não podia continuar ali fora do ar e logo voltei a minha atenção para ele deixando para trás a pergunta que havia sido feita a mim. Fui obrigado a deixar a minha secretária com a sua pergunta e entrei juntamente com o homem de volta à minha sala, antes de fechar a porta. Ela ainda continuava me olhando, era como se fosse uma despedida. Não consegui interpretar direito aquele olhar, não sabia se sentia pena de mim e pedia para ser liberto ou me imputava uma grande condenação.

Para variar estava perdido, sem rumo, sem entender ao certo aquilo que, de fato, estava acontecendo. Afinal, minha vida era um claustro inacessível até mesmo a mim. Foi essa a minha escolha. Não contava nada a ninguém, talvez por isso não conseguia nem mesmo me compreender direito. Não dava chance ao diálogo. Eu era um grande monólogo incubado desde o início. Isso, acho, me fez ficar meio louco. Aliás, tinha certeza de minha loucura. Não tive durante a minha vida respeito por mim mesmo. Tal hábito não me foi ensinado, tornei-me escravo de valores alheios e esqueci de cuidar de meus próprios valores. O erro foi grotesco demais. Estava fadado a sofrer tanto na vida quanto na morte. Estava congelado na dor.

Fui obrigado a fechar a porta e deixar para trás todas as indagações de minha secretária e dar débitos ao meu constrangimento diante de uma pessoa que sempre procurou me ajudar. Ajudar não é a palavra correta, mas proteger, pois era isso o que sempre fazia por mim. Amparava-me frente à minha solidão e dava-me o alento que precisava para desenvolver o meu trabalho. Sempre foi uma grande guerreira; acho que nunca falei isso para ela, mas eu sempre soube disso, e ela tinha a consciência de seu papel. Ficávamos em silêncio quanto a esse aspecto, mas tínhamos a consciência clara de tudo. Sabia que eu precisava muito mais dela do que ela de mim. Ela me amparava e eu apenas lhe dava um mero trabalho. Trabalho poderia ser encontrado em qualquer canto, mas amparo é muito diferente, encontra-se apenas em raríssimos lugares e em pouquíssimas pessoas. Um é comum e o outro é uma coisa sagrada, uma verdadeira dádiva para quem recebe e um dom de Deus para quem dá. Ela tinha a qualidade divina que tanto faltava em mim. Talvez por isso ela me protegesse, pois sabia que eu precisava de um pouco de luz. Eu vivia nas trevas, precisava de um referencial para poder caminhar. Não tinha condições de caminhar sozinho. Tanto é verdade que me entreguei ao desconhecido. No fundo a proteção dela sempre me ajudou, mas infelizmente não foi suficiente para eu poder ser apenas um comum.

Acho que ela tinha essa visão de não ter conseguido me ajudar, mas também nosso relacionamento era muito restrito. Não havia um contato maior, mais intenso. Um contato de alma. Tudo era muito formal. Tudo ficava restrito ao mundo do trabalho, o restante ficava apenas implícito entre nós. Ela sentia as minhas necessidades, mas eu diante de minha enorme ignorância nunca lhe dei espaço suficiente para que ela pudesse se abrir e me abrir. Sei que ela pedia isso, mas eu não lhe dava. Quanta ignorância, por que não lhe pedi ajuda?! Tive boa parte de minha vida para fazer isso e nunca fiz. Era um pedaço de gelo sendo consumido por minha ignorância.

Naquele instante, nos quais pensava nesses pormenores, novamente notei de modo absolutamente nítido o quanto sempre fui covarde comigo mesmo. Procurava forças somente dentro de mim, não acreditava que outras pessoas pudessem me ajudar. Eu era o meu próprio centro, descartava as outras pessoas. Não permitia que outras pessoas pudessem fazer parte de minha vida de forma mais direta. Grande covardia minha, até hoje não sei o porquê daquele jeito de ser, não sabia. Acho que uma grande influência negativa sempre havia tomado conta de mim. Dei chance às coisas nefastas ao meu redor e elas me aprisionaram para sempre. Para sempre mesmo, eu era um nada, um prisioneiro em uma redoma de dor.

O estranho de minha desgraça concentrava-se no quanto meu humor tomava vulto diferente, ia do nada ao absoluto quase ao mesmo instante. Há pouquíssimos momentos estava eu entre as nuvens tentando entender o paraíso, mas logo depois, em apenas um olhar, o mundo voltou a mostrar para mim todo seu lado horrível; local em que não se pode resolver tudo e os dilemas afogam as esperanças. Naquela simples reflexão, também pude notar que os monstros, os demônios da mente, são criados e destruídos com grande facilidade, como um ligar de luz. Acende e eles aparecem e com um leve toque, a escuridão poderá fazê-los sumir ou vice-versa.

Pensava muito e não sabia para onde ir. Naquele momento, o tempo era meu inimigo, já que tinha que dar atenção ao ser grotesco, ao esdrúxulo. Não poderia continuar conjeturando em minhas questões. O mundo não parava e eu também não tinha como pará-lo, por isso deveria seguir e dar a atenção devida ao homem que estava lá, estático a me olhar, esperando que eu pudesse reagir diante de mim mesmo.

Quando realmente notei que estava sendo completamente observado pelo homem, voltei para ele e procurei esquecer minha secretária com suas indagações e também as minhas próprias. No mesmo instante, senti a necessidade de voltar ao mundo real, observei, ou melhor, senti um grande miasma tomando vulto naquela sala. Ele era poderoso e expansivo, ditador e visceralmente avassalador. Não havia como negar que o mundo simplesmente havia desmoronado em mim quando, de fato, senti aquela força espalhando-se por todos os cantos da sala. Fiquei em silêncio por alguns segundos apenas mirando os olhos daquele senhor.

Naquele dia, todos os olhos me perseguiam. Triste realidade. Mas tenho que confessar, olhar naqueles olhos não era algo muito agradável. Não que fossem completamente desagradáveis, mas eram desafiadores demais para mim, não tinha estrutura para tanto. Apesar de tudo, eles eram verdadeiros, tanto para o mal quanto para o bem. O mal em seu sentido mais grotesco e o bem em seu sentido real de dizer a mim mesmo o quanto eu era e estava fraco. Era muito inusitado querer ter a coragem de simplesmente olhar em seus olhos por alguns segundos que fossem. Em verdade, não precisava fixá-los, assim, procurei apenas não olhar e lhe dirigi a palavra em seguida com bastante urbanidade e a retribuição foi imediata e muito calorosa, não era algo hipócrita, tinha muito ardor. Ele queria deixar claro o quanto estava contente em poder encontrar comigo novamente. Não sabia ao certo a razão daquele sentimento; de qualquer forma estava apreensivo, pois havia tido conversas com aquela criatura maravilhosa e muitas coisas havia descoberto acerca dele. Além do mais, estava bastante temeroso em pensar na possibilidade dele ter tido algum conhecimento sobre o encontro que tive naquela manhã. Aquele sentimento de traição estava mais do que nunca aflorado em mim, não sei se conseguia disfarçá-lo, mas estava tentando, mesmo diante daquele ser tão enigmático.

Não posso deixar de acreditar que ele tinha o controle de tudo. Às vezes pensava que apenas fingia para ver até onde eu poderia ir. Na verdade, não queria ir a lugar algum, queria mesmo somente descobrir o meu verdadeiro caminho. Apesar daquele homem ser um cliente muito especial, era apenas mais um. Talvez fosse mais do que isso. Mas não queria, nem poderia deixar que ele pudesse influenciar meu humor, como estava ocorrendo, mas ao mesmo tempo não conseguia deixar de lembrar que sua aparição se deu logo em seguida ao impulso compulsivo, o qual consumou a minha loucura. Isso, sem levar em conta o fato de a criatura maravilhosa ter me dado outras perspectivas acerca da vida. Não poderia deixar de lembrar, ela foi me apresentada por ele. Considerei, também, o fato de a minha secretária não ter gostado da presença daquele ser esdrúxulo. Não poderia desconsiderar tudo aquilo, muito pelo contrário. Sabia das ligações e vínculos diante dos fatos. Estavam evidentes demais. Tinha clara noção disso.

Não poderia de forma e maneira alguma descartar tal verdade. Até mesmo dentro do plano profissional, nunca havia me deparado com um caso tão esquisito, sem começo e sem fim. Mesmo com as informações que obtive, tanto dele e principalmente dela, não conseguia vincular os nexos. Tinha a impressão que estava sendo enganado ou então minha pobre inteligência não poderia vislumbrar algo mais plausível e coerente. Não tinha dúvida que tudo era muito nebuloso e precisava, mais do que nunca, ficar sereno e manter os olhos bem abertos para não ser surpreendido.

Raciocinar no meio da turbulência nunca funcionava, tinha necessidade de ficar em minha plenitude mental e espiritual. Espiritual, quanto a esta não sabia se ainda a possuía, mas sempre partia da premissa que sim, afinal de contas não era um morto-vivo, mas um vivo-morto. Vivo ou morto, estava ali sentindo o mundo ao meu redor. Quanto à lógica daquela situação impensável, eu sempre procurava imaginar que tudo não passava de um sonho longo e verossímil. Aspectos oníricos somente, apenas esses lados eram de uma lógica mais plausível.

Novamente aquele ser notou que estava meio aéreo e dirigiu-me à sua atenção. Perguntou se estava bem e não tive outra opção a não ser dizer que tudo estava muito normal. Evidentemente, o fingimento tomou conta do ambiente naquele momento, pois sabia que ele não havia acreditado e eu fingi que ele não percebeu o quanto eu estava mentindo. Ficamos assim, e o nosso diálogo começou a fluir naturalmente. A hipocrisia estava presente.

Quando de fato começamos a falar acerca de seu problema, não conseguia deixar de lembrar a conversa que tive com a moça. Aquilo me perturbava radicalmente, as coisas que ela me falou eram pesadas demais, não sei se tinha estrutura suficiente para aguentar tantas loucuras. Além do mais, precisava, inclusive, procurar ficar distante de tudo aquilo, mais do que nunca deveria ser profissional. No aspecto do lado puramente profissional, sabia que até tinha estrutura e condição para suportar muitas coisas estranhas, mas o grande problema, dilema, era que eu havia tido um envolvimento meio espiritual com aquela mulher. Sei que tudo havia ficado implícito, pelos menos para mim. Lógico que não houve por parte dela qualquer demonstração de reciprocidade, mas eu havia descoberto muitas coisas desconhecidas e distantes de meu pequeno mundo. Apenas tinha noção de suas existências, mas nunca havia tido qualquer experiência naquele plano.

Na verdade, o grande dilema de estar conversando com aquele homem estranho e enigmático, naquele exato momento, era o fato de estar me sentindo meio traidor. Afinal de contas deveria lhe contar a conversa longa que havia tido com a sua acompanhante.

Tudo era muito esquisito, pois em momento algum procurei saber os vínculos verdadeiros entre eles. Não perguntei para ela e muito menos para ele. Foram tantas as coisas fora do normal que não tive coragem de questionar algumas coisas que talvez fossem respondidas por eles, principalmente, por ele, mas que na verdade eu mesmo tinha medo das próprias respostas.

Era um medo perto da covardia, do início até aquele momento. Naquele instante, então, já estava tão envolvido com aquela criatura que não gostaria de colocar tudo a perder. Essa era a grande verdade, medo de perder aquilo que nem tinha ainda. Aquilo me deixou uma clareza muito grande de que realmente eu estava no fundo do poço. Lutando pela abstração.

Enquanto tudo passava em meus pensamentos, ele falava e eu procurava ouvir atentamente. Eram muitos os fatos novos revelados repentinamente, mas que não se encaixavam, em hipótese alguma, com a conversa que tivera pela manhã.

Diante de tantas coisas, só poderia concluir que aquele ser era um fosso de escuridão e torpeza, não entendia quanta falta de sensibilidade tinha diante dos outros. Apesar de tanta truculência, as suas atitudes seguiam uma lógica maquiavélica e egocêntrica, pois sempre poderiam ser justificadas dentro de uma coerência retilínea. Nada era aleatório, tudo tinha um porquê, uma razão. Não sabia ao certo se o meio justificava os fins. Tal indagação ficava apenas no plano da moral, da ética. Mas uma coisa eu tinha certeza, ele não media consequências e nem usava de qualquer tipo de benevolência. Implacáveis eram suas ações, ele não desistia de uma empreitada seja ela qual fosse. Seus objetivos eram alcançados a suor e sangue, se preciso. E era claro, tudo com muita perspicácia. Não tinha e nunca tive dúvida de sua perversão. Não entendia como um mero ser humano daquele nível poderia chegar onde chegou.

Como de praxe, após a exposição e discussão de seus problemas e, como em um passe de mágica, ele começou a falar de amenidades. Acho que sua maior qualidade era dizer coisas amenas. Não entendia como alguém pudesse mudar o tom de sua conversa com tanta propriedade. Das trevas à luz. Ele conseguia isso. Confesso que não conseguia dominá-lo, apenas era um expectador de suas narrações. Pior de tudo, tanto as coisas mórbidas como as coisas afáveis me impressionavam bastante. Novamente me sentia um mero espectador de uma plateia diante de um grande artista. Sabia que ele adorava isso, só não entendia a razão de tudo. Sei que gostava de minhas explicações técnicas acerca dos fatos que eram contados e de suas prováveis consequências. Mas sabia que, muito mais que minhas explicações, ele gostava de sentir o impacto de sua fala sobre mim. Gostava de se sentir o senhor da situação. Parecia uma obsessão que não tinha fim e quanto mais nos encontrávamos, mais ele sentia essa necessidade de impor as suas "virtudes". Não sabia se aquilo me dava medo, porém tinha plena convicção que era algo forte demais. Espalhava-se com uma fluidez monstruosa. Tinha eficiência real, era viva, estava viva diante de tudo e de todos. Novamente fiquei um pouco atônito diante de sua conversa, mesmo porque estava muito preocupado por ele não saber de meu encontro com aquela mulher.

Quando novamente fiquei meio distante, ele de chofre perguntou o quê me preocupava, fiquei sem ação e fui verdadeiro, afirmei que uma mulher havia me deixado naquele estado. Sarcasticamente começo a rir de mim. Sinceramente, pela primeira vez, afrontei-o com um simples olhar. Naquele momento, não tive dúvida que deveria demonstrar a minha insatisfação frente ao seu sarcasmo. Notei que ele me levou a sério e mudou sua feição no mesmo instante. O tom de sua voz ficou arrastado. Senti que ficou mais alerta comigo e apenas denotou fatos e situações acerca das agruras da vida. Queria me dar um alento, mas por detrás daquele pseudoconforto, não tive dúvida de sua satisfação em me ver naquela condição. Era sadismo puro, não pude deixar de observar aquilo. Talvez todas as atitudes que haviam sido praticadas contra os outros poderiam ser praticadas contra mim. No entanto, por meio de sua nobre postura, não queria de forma alguma deixar transparecer a sua maldade. Ao mesmo tempo, sua capacidade de observação não deixaria que desviasse do rumo de minha indignação. O simples fato de ele ter achado graça diante de minha fragilidade e eu o retrucar, já foi muito além de sua benevolência. Na realidade, não havia bondade naquela alma, apenas era uma grande pedra de gelo, talvez uma grande labareda de fogo. Era poderoso demais para aceitar confrontos comigo. Nem ele queria isso, sabia claramente de minha posição frágil.

A conversa não pôde continuar e ele notou isso. Levantou-se como um cavalheiro, falou coisas agradáveis e afirmou que voltaria tão logo necessário fosse. De plano senti um alívio por poder ficar afastado daquele homem; ele era e estava carregado demais naquele momento, nem mesmo impus qualquer resistência para que fosse embora. Quase pedi para ir. Implorei isso em meu coração.

Ficou implícito que, apesar dele não querer, houve um confronto entre nós. Para completar, no instante que lhe abria a porta para que se retirasse de minha sala, perguntei acerca de sua amiga e novamente senti que lhe afrontei. Ele impávido, apenas respondeu que estava ótima e voltaria ao escritório juntamente com ele quando fosse necessário também.

Sinceramente, não consegui entender a expressão "quando fosse necessário também". Tal expressão ficou pairada no ar, soou estranha demais. Qual o tipo de necessidade que haveria dela voltar ali? Ficou muito evidente que houve uma nítida resposta à minha afronta. Apesar de tudo, nos despedimos cordialmente como sempre.

CAPÍTULO VIII

Sem medo

Quando ele se foi, notei a ausência de minha secretária, procurei e lhe chamei, porém ela havia ido embora sem qualquer tipo de aviso. Achei muito estranho ela ter ido sem me avisar mas, ao mesmo tempo, não pude deixar de lembrar o quanto ela não gostava daquele cliente. Confesso que não gostei de sua atitude, mas não a desaprovei; e não foi simplesmente o fato de existir uma relação de labor entre nós, mas sim a falta de proteção que senti. Ela implicitamente sempre me dava forças. Naquele momento estava meio desprotegido. Imaginei de modo ingênuo que ela voltaria no dia seguinte ao trabalho. Lembrava sempre que quando eu me sentia distante de tudo e de todos, ela sempre estava lá, todos os dias. Não fazia parte de minha vida, mas estava lá. Não era apenas a sua presença física que eu gostava, seu espírito era muito vivo. Uma presença forte e confortável. Tenho que confessar, ela era de fato uma pessoa importante em minha vida.

Procurei ser ingênuo naquele momento de ausência ao pensar que ela pudesse voltar no dia seguinte, pois no fundo de meu coração, senti muito medo dela ter deixado tudo, inclusive a mim. Coisas cinzentas demais estavam acontecendo em minha vida e ela também sabia disso. Todas as nuanças estranhas estavam muito transparentes. Ela que sempre teve muita sensibilidade não poderia deixar de notar tudo.

Preocupações à parte, eu fui embora do escritório deixando para trás o medo da perda e as lembranças de meu diálogo com aquele ser impávido. Não poderia também esquecer da conversa que tive pela manhã com aquela criatura maravilhosa. Tudo isso foi dando o compasso do meu andar. Como de praxe, procurei voltar a pé para casa. Queria dar chance a mim mesmo de poder digerir todos os fatos que haviam ocorrido naquele dia. Tinha plena convicção, aquele dia não tinha sido um dia qualquer. Muitas coisas importantes haviam acontecido em minha vida. Evidentemente, não procurei ficar dando a importância devida para tudo, senão fatalmente poderia ter graves problemas comigo mesmo. Deveria deixar o barco correr com o remanso, lento e calmamente. Sem loucura, estava enojado de loucuras, não aguentava mais ficar sob pressão de mim mesmo. Queria pôr um basta nisso, precisava ficar mais sereno, mesmo porque a loucura maior já havia sido feita, o resto era apenas consequência natural. A minha busca estava, de certa forma, sendo realizada. Acontecesse o que fosse, pelo menos de uma coisa eu não poderia reclamar de mim mesmo, estava tentando de todas as formas lutar por tudo aquilo que sonhava. Acho que isso me dava uma paz momentânea, merecida. Muito merecida.

Continuei andando e, realmente, fiquei mais fortalecido quando concluí que estava lutando pelos meus sonhos. Muitas coisas foram realizadas, inclusive, a loucura maior. Não estava arrependido, estava me sentindo vivo. Um guerreiro que não desistia de seu caminho. Fiquei orgulhoso de mim mesmo, não era um insosso, era alguém que acreditava em um ideal. Sabia acerca de minha força, de minha perseverança e fidelidade frente à minha busca. Sabia que não media esforços diante de tudo. Achei muito interessante a minha conclusão e fiquei desligado das outras coisas. Por um momento, fiquei sentindo uma grande realização pessoal. Via em mim mesmo, não um Dom Quixote que lutava contra moinhos de vento, mas alguém diante do real. A busca da verdade era a coisa mais sagrada que cultivava. Sabia disso, queria por tudo à descoberta. Sabia que não iria desistir tão facilmente. Precisava caminhar, era necessário. Caminhava ou simplesmente morria, deveria olhar sempre para frente. Sempre. Sempre.

Quando cheguei em casa, também notei a ausência do gato. Naquele instante, infelizmente, tive a clara sensação que ele havia ido embora para sempre, não tive esperanças de sua volta. Minha intuição era real demais para combatê-la, não tinha como negar aquela grande verdade que se apresentava apenas na forma de um sopro; de um nada. Fiquei meio conformado, no entanto o mais grave foram as ligações que não pude deixar de observar, pois achei que a minha secretária também não voltaria, isso me preocupou muito. O gato foi o grande sinal de tudo. Sabia que ele sentia muitas coisas, alertava-me acerca de tantas outras. O seu sumiço foi o grande sinal de que as coisas estavam completamente erradas. Não tinha dúvida disso. Senti um grande calafrio com tudo o que estava acontecendo. O meu rumo estava errado; desde o começo de minha ânsia incontida até a minha loucura. Tudo estava errado.

O ato impulsivo, a aparição daquele estranho cliente até a descoberta daquela mulher; eram fatos veementes demais para tão pouco espaço de tempo. Tive, em um simples lampejo, a plena sensação que tudo estava indo pelo caminho mais difícil, não havia lógica em todos aqueles acontecimentos, mas ao mesmo tempo havia ligações demais entre os fatos.

A loucura estava instalada em mim e deu vontade de desistir de tudo, só que não sabia como. Fiquei sem sentido, nada naquele instante fazia a mínima diferença, estava me sentindo realmente morto, se é que alguém pode descrever tal estado. Acho que tudo era ilusão instantânea de meus últimos momentos. Acho que não tinha dúvida de meu verdadeiro estado, pois qualquer outra hipótese não seguia a verdadeira vereda.

Morto, tristemente tive a sensação de que realmente estava morto. Não dei muita importância para aquele sentimento, afinal estava até questionando tudo. Pela lógica que conhecia, continuava vivo, aparentemente, talvez.

Novamente repudiei a loucura e os pensamentos sem nexo para poder continuar em sintonia. Procurei seguir minha rotina de sempre, já que sabia cabalmente das dificuldades que enfrentaria no dia seguinte. Teria que resolver muitas coisas: no período da manhã havia descoberto uma grande verdade; logo em seguida afrontei uma pessoa especial e saturna em razão da própria descoberta; minha secretária provavelmente desistiu de mim; sem contar o sumiço de meu gato. Sabia que precisava, antes de tudo, tomar decisões para seguir na busca da satisfação à minha alma. Tinha convicção que ela sempre foi bastante onerosa para mim, precisava aliviá-la de muitas coisas. Não tinha dúvida da missão que eu tinha comigo mesmo quanto a esse encargo. Tinha certeza da necessidade de ficar bastante descansado para poder ficar lúcido e tomar um rumo real. O dia seguinte seria um dia especial. Teria que ser diferente para desnudar a minha lucidez.

Seguindo essa trilha, procurei dormir muito, não me envolvi com qualquer entretenimento, fiquei apenas esperando a noite cair e somar a sua escuridão ao meu espírito. Precisava do escuro, do nada. O vácuo era a necessidade que tinha naquele instante. Não daria chance às imundices que me perseguiam a todo o tempo e lugar. Dei um basta em tudo, não sei como, mas extirpei as coisas ruins existentes em minha mente.

Não era tão fraco assim, tinha plena convicção de minha força. Não duvidava de minha própria capacidade, apenas tinha medo de dissipar energia sem necessidade, ou mesmo usá-la contra mim. Antes de tudo, nunca esqueci que o meu maior inimigo era eu mesmo. Não poderia confrontá-lo e, quando sentia que não precisava lutar contra mim mesmo, sempre sentia-me energizado com a força necessária. Naquela noite, resolvi esquecer tudo e não dar, em hipótese alguma, chance a pensamentos nefastos. Consegui. Foi importante para mim, havia conseguido e relaxado. Fiquei feliz pela minha vitória. Senti que naquela noite dormiria bem, entregaria meu corpo ao descanso e meu espírito à paz procurada.

No outro dia acordei bem, como era esperado. Minha mente estava limpa, clara, e meu corpo correspondia às minhas expectativas. Tinha energia de sobra e a clareza era minha verdadeira guia. Lembrei de modo esporádico dos fatos anteriores e, mais do que nunca, senti necessidade em tomar uma decisão única para poder seguir o meu real caminho.

Naquele dia, não pude deixar de dar importância a pensamentos paralelos acerca de minha infância, da minha adolescência e mesmo de minha vida adulta. Tais pensamentos não eram carregados como aqueles que eu ficava questionando, eram leves e deslizavam sem compromisso, passavam como se fossem imagens aleatórias e sem sentido, sempre vagando em coisas acontecidas, mas que não tinham nexo algum com o meu presente. Confesso que naqueles dias de pura loucura, não tinha dado devida importância a tais pensamentos. Depois do impulso compulsivo, notei a presença deles. Apareciam como névoas, porém nunca os observei com a merecida seriedade e serenidade. Entretanto, sentia que deveria parar e pensar um pouco mais sobre eles. Sabia que não tinha controle sobre muitas coisas, mas era interessante saber até que ponto era razoável não ter uma noção melhor dessas lembranças.

Independentemente das lembranças, não esquecia da necessidade de tomar uma decisão emocional, seguir a voz de meu coração; a razão não poderia predominar, seria apenas um ponto de equilíbrio. A minha intuição seria o meu farol para minha salvação, por isso minha decisão acerca de tudo deveria ser basicamente emocional. Não poderia continuar trabalhando daquela forma. Sentia, sobretudo, que muitas contradições existiam entre aquilo que buscava e o meu trabalho. Descobri isso de forma mais objetiva tão logo descobri a magia daquela criatura, companheira de meu cliente mas, ao mesmo tempo, sentia no ar que havia coisas meio desconexas. Com ou sem lógica, precisava continuar, não havia condições de manter aquele estado de coisas.

Mais uma vez, estava diante de dilemas. Deus... acho que nasci para viver dilemas. Não conhecia meu rumo com convicção, mas o procurava desesperadamente. Em razão disso, fiquei firme na confiança de minha decisão baseada na mais pura emoção. Desde o início de minha vida sempre tomava decisões lógicas. Fui criado e envolto pela lógica. Infelizmente acho que ela falhou comigo, pois não achei a minha verdadeira vereda. A lógica me oprimiu demasiadamente, não mostrou a verdadeira luz, mesmo lutando todos os dias para encontrá-la. Tenho quase certeza que a lógica é muito mais virtual do que a intuição. A intuição é a emoção em seu estado límpido. A intuição existe por si só, enquanto na lógica é necessário achar subsídios para entendê-la. Deve haver uma equação quase matemática. Sempre é importante comparações diante de outras coisas ao redor ou mesmo de forma longínqua. A emoção intuitiva brota de dentro para fora. É verdadeira pelo simples fato de nascer dentro de nós, não precisa de cálculos, basta deixá-la navegar normalmente e ela vai como uma nau seguindo a natureza, vai levada pelo vento.

Precisava ter esta noção, dentro de mim, de modo mais convicto para poder acreditar que a decisão emocional seria a melhor, mesmo porque já estava cansado de ir pelo rumo do trivial. Chega! Precisava arriscar, confiar mais em minha voz interior e deixá-la fluir com mais veemência.

Na realidade, sempre soube disso, apenas não tinha coragem de encarar a verdade. Na maioria das vezes é bem difícil bater de frente. Em diversas situações isto implica renúncias e mágoas. Para o covarde esse campo é inaceitável, mas para aqueles que tem coragem de viver, tais consequências são meros acidentes de percurso que devem ser superados. Não me considerava um covarde diante da vida, mas o medo de ir além de minha própria vida era algo que me perturbava implacavelmente; não gostava da ideia da renúncia em si e muito menos a possibilidade de vivenciar a mágoa. Talvez essa nuance também tenha atrapalhado a adquirir virtudes que nunca tive. Um pouco de egocentrismo é importante para evolução de tudo, inclusive do próprio ser humano. Não somos apenas alma, mas temos outras coisas que precisam ser nutridas diariamente para o crescimento da própria alma.

Sentia que precisava fortalecer, mesmo dentro da própria dialética, a necessidade de seguir minha intuição, e sabia que estava conseguindo, pois a intuição, paradoxalmente, também tem sua coerência. O caminho não era fácil, mas completamente possível, bastava um pouco de coragem e esforço. No fundo de meu coração não tinha dúvida que somente bastava mexer um pouco com os meus próprios brios para seguir em frente. Raciocinei com clareza e procurei aquilo que me faria feliz. Sim, ser feliz, qual o problema nisso? Tinha consciência que não havia problema algum, só não conseguia seguir esse rumo. Será que tal caminho seria menos acessível, complexo? Que fosse! Teria que tentar, sob pena de ficar vagando para sempre no limbo. Passei então, de forma bem lógica, a entender aquilo que gostaria de sentir mediata e imediatamente. Foram esses os dois pontos que me deram sustentação total para dizer basta, chega. Chega e pronto! O meu caminho vai ser seguido a qualquer preço, nem que eu vá para o inferno, talvez eu já estivesse nele, mas faria tudo para não sair de meu verdadeiro rumo, afinal o mais difícil eu já tinha feito, a entrega.

Novamente bateu aquele sentimento de liberdade e poder. Senti que poderia conseguir coisas grandiosas oriundas de meu próprio coração. Tive coragem o bastante para encarar os dilemas e as contradições.

Foi muito importante sentir aquilo, sentia-me como uma criança que descobre aos pouco o mundo, tudo fica meio encantador. Mas ao mesmo tempo em que fortalecia tais convicções, comecei de forma objetiva a pensar no que deveria fazer para seguir a minha verdadeira vereda. Fisicamente estava bem naquela manhã, meu espírito tinha energia. Apenas sentia uma falta profunda do gato, meu egoísmo bateu forte naquele momento no que se refere àquele animal, não gostava, de modo algum, de sentir a sua perda. Acho que qualquer tipo de perda era demasiadamente sentida por mim, eu não tinha tantas forças para superar perdas quaisquer que fossem. Tinha convicção que durante todo tempo de compartilhamento, sempre tinha sido bastante egoísta, queria ser sentido, quase ovacionado, entretanto não sei se a recíproca existia. Acho que queria somente o retorno daquele sentimento, talvez um pouco mais. Mentira! Eu queria muito mais, como sempre quer o ser humano. O contentamento descontente sempre foi e muito provavelmente será a coisa mais real deste universo, infelizmente. Queria aquilo que todos querem, ser sentidos, ouvidos e queridos. Deus, tanto egoísmo para um só coração. Quando começava a pensar neste sentimento mesquinho, tinha a convicção de que o Universo havia sido criado a partir do egocentrismo existente na própria natureza, talvez por isso o egoísmo sempre foi algo tão ínsito em cada ser humano, apenas neles. Concentradamente neles. O restante das coisas e seres da natureza não precisavam de tanta mediocridade. O veneno nojento do egoísmo tinha que ficar apenas em alguns, os outros seguiriam sua natureza sem atropelo. Somente aos seres humanos ficou o encargo, o fardo de sofrer a dor criada por si próprio. Tal castigo era espinhoso demais, buscava às vezes as raízes do entendimento disso mas, para variar, ficava apenas nas conjecturas obscuras e desprezíveis.

A busca da sapiência anda junto com o egoísmo. Este dá o tom para esta busca insana que é alimentada pela própria necessidade de compreender a vida; e que vira um ciclo sem fim. Quase um vício.

Aliás, vício vivo, pura busca daquilo que muito provavelmente não será encontrado. Novamente repudiei tais pensamentos, já estava envolto por tudo que estava tentando fugir, coisas possuidoras de nexo, mas que não levam a lugar algum. Repudiei, repudiei objetivamente. Roguei à minha alma energia para me libertar daqueles pensamentos turvos que tanto me atormentavam. Liberdade, implorava por ela. Implora a Deus por libertação. Livre, livre, precisava me sentir mais leve, não aguentava o peso de pensamentos nefastos.

Tive momentos que voltavam às crises existenciais anteriores à entrega. Não entendia o motivo de tê-las, não havia sentido. A entrega já tinha ido, não sei por que ainda sofria com coisas que não precisava sofrer, mas de certa forma continuava sofrendo. Após o ato compulsivo, senti profundamente que deveria galgar outro patamar de entendimento de tudo, sei que obtive avanços. Sei que o trivial estava escancarado, mas só pude compreendê-lo depois de tudo. Sabia também que não precisava ficar enlouquecido com outras coisas, bastava buscar o comum, aquilo que todos buscam. Um objetivo, apenas isso. Um objetivo maior. A verdadeira armadilha e energia para se ter ânimo a fim de continuar vivendo. Um sentimento de comunhão com tudo. Tal entendimento eu já havia alcançado. Parece ridículo, há coisas que estão ao nosso redor mas são difíceis de serem sentidas. Compreendidas nem tanto, duro é senti-las. A grande luta dos homens é sentir as coisas, viver no mundo da pseudoconcreticidade faz parte da arrogância e ignorância humana. Sentir é a alma da compreensão, sem sentimento não há compreensão de nada.

Acho que tinha condições reais em seguir minha intuição, seguir aquilo que meu coração me apontava. O norte da vida, eu precisava dele, mesmo na morte; afinal, entreguei a minha vida para compreendê-la, não seria razoável deixar de procurar a sua verdadeira razão.

Respirei fundo e senti que não poderia trabalhar para o homem, deveria dispensá-lo, mesmo porque acho que já tínhamos tido uma desavença. Não foi nada direto, mas foi bastante conflituoso. Nossas almas se esbarraram, estorvaram-se frontalmente. Não tinha estrutura para manter aquilo. Sei que seria difícil falar isso para ele mas deveria, não poderia continuar em algo que não estava trazendo-me retorno verdadeiro. Ele zombou de mim, de um sentimento tênue e extremamente vivo. Sei que aquele ser não possui brilho nos olhos, mesmo tendo muitas qualidades decentes, a vida verdadeira não lhe era inerente. Talvez por isso havia me procurado, pior de tudo, talvez por causa do pacto havia me procurado. Tal fato me atormentava profundamente quando começava a raciocinar de modo mais coerente. Tinha medo do óbvio. Era brilhante demais para meus olhos, apertava a minha alma só de pensar neste aspecto. Ao seu lado eu não estava evoluindo, apenas estava me oprimindo radicalmente. Já havia dito para mim mesmo que não queria em hipótese alguma sentir opressão fosse de onde fosse. Chega de conflitos e dilemas, precisava sentir o gosto da vida em seus pulsos verdadeiros, mesmo em minha pobre condição, se não pudesse vivê-la, teria que dizer a mim mesmo que tentei e descobri o seu verdadeiro sentido.

Outro ponto crucial era ir atrás daquela criatura que me deu uma perspectiva diferenciada do mundo. Definitivamente, custasse o que custasse, eu precisava ir ao seu encontro e lutar para um fim maior. Sei que teria problemas terríveis, pois ao mesmo tempo em que dispensaria o demônio iria tentar encontrar a essência de Deus. Novamente me vi diante de um profundo dilema. Que desgraça, dilema novamente invadindo a minha medíocre existência. Desistiria do demônio e procuraria por Deus. Não sabia se era um ato covarde ou simplesmente a busca insana pelo entendimento de coisas de maior calibre. Do inferno ao céu. Como fazer isso? Ainda não tinha muita noção, mas deveria. Ao mesmo tempo, não sabia também se fazia parte do inferno ou se já estava simplesmente no limbo à procura do céu, pois a minha vida não era uma coisa comum, era uma excrescência do mal; de tudo que há no plano do indecente, beirava à imoralidade diante da vida. Sabia de minha covardia diante dela, por isso tive que entregá-la. Essa triste verdade teria que carregar em meu âmago para todo sempre, enquanto houvesse um sopro de entendimento acerca das coisas, teria que conviver com essa cruz espinhosa e pesada. Sei que ficaria sentindo a chuva e a solidão da escuridão. Sabia que tinha procurado o caminho mais louco, mais complexo para ter um entendimento que até um pobre homem turrão pode ter pelo simples fato de viver, ver o Sol nascer e a noite cair. Por mais que tentasse durante toda a minha vida, não consegui chegar a esse entendimento sem ter que me entregar e ter feito o maldito pacto.

Apesar de tudo, estava convicto de duas coisas de forma cabal: ficar longe daquele homem e procurar a criatura divina para expandir a minha verdadeira compreensão. Estava firme, iria naquele mesmo dia marcar um encontro com o homem e avisá-lo que deveria procurar outro profissional para seu caso, afirmaria que não poderia continuar naquilo, que não tinha estrutura moral para defendê-lo. Na realidade, se quisesse nem mesmo justificaria nada, apenas lhe informaria que não gostaria de continuar trabalhando para ele. Bastava ser firme. Assim fiquei convicto. Era bom me sentir convicto de algo, sentia que possuía poderes. Sensação de poder é muito bom, mas como tudo no mundo há um preço. Não sei se teria que pagar pelo remorso. Esse é terrível, mas verdadeiro e real. Não há como fugir dele assim tão facilmente.

O remorso talvez me perturbasse um pouco, mas na realidade o que eu tinha mesmo era temor. Sabia, quase que inconscientemente, do vínculo do mal em minha vida. Nada acontece por um acaso. Um sopro de verdade me dizia que aquele homem era na realidade um emissário de meu pacto. Tinha plena consciência que não deveria ter feito aquela loucura. Ninguém pode, ao seu bel-prazer, entregar aquilo pertencente ao universo. A vida não nos pertence simplesmente, ela é uma dádiva de Deus e devemos respeitá-la de forma sagrada. Sei que não havia seguido esse dogma. Em nome de uma busca insana, entreguei-me ao egoísmo e à escuridão para obter luz. Um caminho aparentemente mais curto talvez, porém jamais o recomendado. Mas meu momento naquela época era muito difícil, estava fraco e em busca de alguma coisa para completar a minha existência vazia, estava perdido, não poderia me condenar absolutamente. Também não sei se um dia poderia ser perdoado, mas dentro de minha alma eu tinha a esperança de sê-lo.

Para variar, novamente estava diante de dúvidas se aquele ser inescrupuloso tinha realmente algo com a minha condição. Por mais que me esforçasse ao contrário, tinha a plena consciência que ele realmente tinha envolvimentos diretos, indiretos e oblíquos com tudo que havia acontecido comigo. Do começo ao fim, acho que ele estava presente. Não tinha dúvida que a criatura maravilhosa também fazia parte de seus planos diabólicos. Ficava pensando, já havia talvez entregado a minha vida a ele e depois de cumprido o pacto, ele me mostrou apenas o trivial, porém de modo avassalador. Deu a compreensão do desconhecido. Trivial para aqueles que apenas procuram o simples, mas não para mim, pelo menos naquele tempo tormentoso.

Sei que o trivial mostrado foi penetrante e efusivo contra mim, deixou-me entorpecido pela própria vida que, àquela altura, nem mesmo a possuía. Tirou-me a vida e deu-me a compreensão de seu sentido maior, mas em momentos díspares nos quais aquilo que ganhei muito provavelmente não serviria para nada, somente para desnudar a minha insensatez e loucura pelo que havia feito. Uma descoberta em tempo errado. Destruiu-me e, logo em seguida, mostrou-me a grandiosidade do mundo. Sua volúpia e utopia viva. Sua abstração concreta e maravilhosa. Tudo que um ser pode querer sentir e viver. Algo maravilhoso e paradoxalmente destruidor, talvez. Se o céu existir muito provavelmente deve ser assim, um sonho vivo. Apenas isso. Um concreto vivo dentro de uma abstração sonhada.

Independentemente de tudo, não poderia continuar pensando desta forma pois, se estava sentindo tais coisas, a luta pela minha busca deveria continuar, seria o mais decente. Seria necessário tentar viver o sonho em seu plano literal e para isso deveria me livrar do Demônio e procurar o meu céu, sempre acreditando que ele ainda poderia ser vivenciado por mim. Tinha que crer neste ponto, senão estaria para sempre acabado.

De fato, sempre achei que estava acabado, tal sentimento não me era estranho, às vezes ficava conformado com a minha condição tanto antes quanto depois do impulso e procurava acreditar que em outra vida teria chance de alcançar aquilo pelo que havia lutado, contra tudo e contra mim mesmo. Sentia-me muito derrotado, fraco, e sem rumo. Não tinha dúvidas de que o impulso compulsivo foi apenas uma mera consequência da minha ânsia aliada à minha fraqueza de tentar viver dentro do apogeu da vida. Mas, independente de tudo, estava convicto de minha força e fraqueza, por isso não hesitei e marquei, em meu escritório, um encontro com o homem naquele dia mesmo.

Ele aceitou, mas percebi que havia descontentamento. No entanto, não perguntou o motivo do encontro. Foi frio como sempre, impávido.

CAPÍTULO IX

A fala do homem

Fui para o escritório mas não conseguia deixar de lembrar de minha secretária que havia me deixado naquele fatídico dia. Tinha quase que absoluta certeza de sua ausência para sempre. Não gostava de pensar na ideia de chegar ao escritório e deparar com um grande vazio. Em meu coração já sentia que estava realmente sozinho, mas tinha de modo objetivo uma leve esperança de encontrá-la. Talvez, tivesse mudado de ideia, talvez quisesse tentar voltar a me proteger. Tais pensamentos rondavam-me dando o tom de minha perturbação, mas não poderia esquecer de modo algum da conversa que teria com o ser estranho. Posso falar dele assim, pois aquele homem não era apenas um homem comum. Era a encarnação do mal. Todas as qualidades egocêntricas de uma pessoa estavam centradas nele. Apesar de suas outras qualidades de Cavalheiro, não tinha dúvida, havia defeitos horrendos que iriam muito além de minha compreensão.

Nunca é demais lembrar que no momento que pedi para falar com ele, senti friamente seu grande descontentamento, não me falou diretamente, mas senti. Também não quis saber o que iríamos tratar, como se já soubesse do assunto. Apenas confirmou formalmente a sua presença. Marcamos o horário e tudo ficou combinado.

Estava constrangido com aquele fato, além do mais queria continuar o vínculo com a criatura apresentada por ele. Sabia que tal situação poderia render grandes e profundos problemas. Entretanto, já havia assumido todos os riscos, fosse como fosse teria que continuar; afinal de contas a loucura maior já tinha sido feita, o resto apenas seria um fragmento de minha insensatez.

Fiquei sozinho no escritório à sua espera, cheguei bem antes do horário marcado. Acho que tinha medo, mas ao mesmo tempo queria sentir o alívio de ficar livre daquele encosto. Quando sentia qualquer tipo de temor, pensava no momento que voltaria a ficar livre. Assim gostaria de me sentir, livre. Aquele ser me dava à prisão que tanto tentei evitar. Opressão era o seu sinônimo mais evidente. Eu que tanto lutei contra a própria opressão o tempo todo, estava novamente, mesmo depois da loucura compulsiva, diante dela. Paradoxalmente, tudo aquilo que lutava contra e fugia tornava a me encontrar. Parecia castigo do inferno. Acho que sempre havia vivido nele, o céu era apenas um paradigma, um arquétipo sobre o qual as pessoas comentavam. Nunca senti o gosto verdadeiro da paz interior, a felicidade também era somente uma sombra a qual eu não conseguia ver. Sabia que estava lá, mas onde eu não sabia. Não era palpável diante de minha existência. Ela sempre fora pesada demais, definitivamente a minha alma era muito desconfortável. Eu não conseguia carregá-la, arrastava-a. Um peso desigual para minhas forças. O resultado era total sofrimento agônico. Dia e noite sem solução, apenas aquele sentimento de luta, pressão, opressão. Não tinha remorso da loucura que havia feito pois, mesmo não sendo o melhor caminho, não tive escolha. Não poderia me condenar pela insensatez. Na condição que me encontro teria que buscar algo drástico; só não imaginei encontrar depois de tudo um outro grande problema. Precisava ficar leve e aquele homem era por demais carregado para eu poder me sentir como gostaria.

Fiquei ansiosamente esperando, o tempo passava lento enquanto chegava o momento marcado. Não adiantava querer negar, mas estava com medo daquele homem. Ele tinha falado coisas da mais pura escuridão, talvez segredos profundos. De certo modo, havia confiado em mim. Sentia-me meio traidor, não pelo fato de ter descoberto algo em sua função e haver sido confidente da criatura que o acompanhava. Sentia-me mal pois, diante do entusiasmo de fazer grandes coisas no âmbito profissional, preferi a liberdade da descoberta de poder nutrir a minha alma. Na realidade, o sentimento negativo não ficava apenas restrito a este aspecto, ia muito além. Estava negando confiança. Nunca pude imaginar eu poder negar confiança, mas estava. Tudo em razão de meu egoísmo. Sei que havia outras prioridades no âmago de todos os problemas relacionados com o homem; afinal, eu também tinha prioridades simples, mas que eu mesmo deveria respeitá-las, sob pena de cavoucar a minha própria falência como pessoa. A minha vida deveria ser administrada diante de valores, da decência frente às pessoas, mas não poderia esquecer de mim mesmo. Eu também tinha um compromisso comigo, deveria respeitá-lo. Um equilíbrio deveria haver sempre; para sempre.

Enquanto ficava na paranoia de minhas indagações acerca de tudo ao meu redor, não poderia esquecer que a qualquer momento o homem poderia chegar. Quanto a isso não sabia se estava devidamente preparado para encará-lo, mas deveria ser muito franco e objetivo. Tinha que ser sólido e ponderado para poder dizer claramente acerca de minha vontade de deixar o caso.

Quando eu o ouvi chegar, simplesmente tremi. Não queria aceitar tal fato, mas não poderia negá-lo. A dura realidade estava escancarada em minha frente. Dura e poderosa verdade. Naquele instante, senti-me um fraco, parecia que não tinha a mínima estrutura para enfrentar tal situação. Tive vontade de sumir, desistir de tudo ou então simplesmente desconversar minha intenção. Fiquei perdido e sem rumo. Enquanto pensava e sentia minhas indagações, ouvia seus passos largos. Tive a impressão nítida de sua convicção, ela estava no compasso de seus passos. Constantes eram eles. Firmes e absolutos. Vinha em minha direção, logo bateria à porta sem qualquer tipo de hesitação. Isso, seus passos não eram hesitados, eram vivos; diferente de mim naquele momento. Eu era o avesso de tudo aquilo. Por alguns segundos roguei a Deus forças para poder enfrentá-lo; para pelo menos poder demonstrar um mínimo de segurança e sensatez. Tive medo de ser considerado apenas um medíocre. Alguém sem expressão alguma e sem a mínima força para dar um grau menor que fosse a alguma coisa. O escritório transformou-se em um lugar lúgubre e silencioso. O tempo estava estático e eu, paralisado, sentindo apenas a minha meditação com sensação de loucura, terror e medo em seus sentidos mais puros. Os passos continuavam vindo celeremente, eles já me davam a dimensão do tom da voz do homem, talvez até mesmo de sua ira maldita.

Tinha convicção que a minha decisão não seria em hipótese nenhuma bem aceita. Não porque havia uma relação de cliente e profissional ou até mesmo pelo fato dele ter dito coisas horrendas para mim, mas porque eu estava fugindo de sua prisão. Ele gostaria de me ter como seu eterno prisioneiro; seu servo e escravo de todas as suas vaidades. Um jogo de gato e rato. O gato antes de eliminar o rato sempre gosta de brincar por um longo período, sabia que ele estava brincando comigo. Só não queria terminar como um rato nas garras do homem.

No meio daquele turbilhão de temor ainda tive um instante de lucidez e questionei de modo profundo a razão dele ter me escolhido. Por qual motivo àquele infeliz havia escolhido logo a minha pessoa? Sei que minha loucura tinha alguma coisa a ver com tudo aquilo, mas por que ele queria que fosse seu refém? Era uma pergunta sem resposta que talvez um dia pudesse responder. Talvez um dia.

De repente como um estouro, ouvi quando bateu na porta de minha sala. Em verdade não foi nenhuma batida forte, foi muito sutil, entretanto, dei uma dimensão muito maior para aquele singelo barulho. Estava sentado e assim fiquei com vontade de continuar, sabia que não poderia, mas deu muita vontade. Talvez um simples gesto meu de não recepcioná-lo já poderia demonstrar meu desprezo. Talvez isso fosse um bom começo para nossa conversa, apenas falaria para ele entrar e nem mesmo me levantaria para cumprimentá-lo. Não tive tal coragem, levantei-me de chofre e fui abrir a porta como se fosse para minha própria forca, meus músculos não acompanhavam minhas vontades, uma grande contradição entre corpo e alma. Um dizendo e querendo ir ao encontro e a outra implorando e repudiando qualquer tipo de contato. Tive vontade de voltar ao tempo um pouco antes daquele momento no qual fiz a entrega, a loucura em um súbito ato. Queria pedir perdão a mim mesmo. Arrepender-me e ter aguentado toda a sofreguidão que fosse necessária. Acho que aquela era minha verdadeira missão, não poderia ter me desviado dela. Mas não, preferi o caos da escuridão. E agora, olha só onde havia me metido.

Tinha que abrir a porta e enquanto pensava e andava para seu rumo, ficava observando a maçaneta dela. Achava que já estava se movendo porém, claramente, pelas características do homem isso não iria acontecer. Não abriria a porta sem a minha permissão. Ele tinha plena consciência que eu deveria e tinha o dever de abri-la. Ele sentia isso forte. Eu sabia, pior de tudo, eu sentia.

Não havia outro caminho, abrí a porta e fiquei frontalmente com ele e, ao contrário de que havia imaginado, ele estava com um semblante leve. Não estava carrancudo e por uns segundos senti uma grande paz. Sabia que era pura ilusão, coisas terríveis iriam acontecer, mas foi necessária aquela impressão, pois me deu força para eu ter um pouco de consciência acerca de tudo e o mais importante: calma. Ganhei tranquilidade. Eu podia raciocinar com mais lucidez. Apenas não entendi de plano e não gostei, de modo algum, de seus óculos escuros. Dentro do ambiente da sala não havia luz suficiente para se usar óculos escuros. Tinha plena certeza que aquilo era uma provocação, um desafio para eu não poder olhar dentro de seus olhos. No fundo, eu sabia também que olho no olho não era muito aconselhável para ele. Jamais gostaria de deixar seu ego em opressão. Gostava do desafio, mas era covarde para pensar na possibilidade de ser de fato afrontado. Ele sabia que naquele dia seria, por isso, não tive dúvidas sobre sua atitude de manter seus olhos longe dos meus. Por incrível que pareça, aquela forma de proteção demonstrou muita franqueza por parte dele, aquilo me fortaleceu. Senti que não apenas eu era um fraco, ele também estava enfraquecido. Este sentimento também lhe era inerente, apesar de não querer demonstrá-lo de forma alguma. Porém o mais importante foi o fato dele não estar carregado, estava incrivelmente leve, não tinha traços de rancor e mágoas; mantinha um aspecto jovial e cândido. Parecia exagero, mas esta era a leitura que fazia daquele homem que tanto estava aterrorizando meus pensamentos. Não era exagero nenhum, seu semblante transmitia muita paz e serenidade. Não pude deixar de desconfiar de tudo pois sabia que, após a bonança, o tempo fatalmente poderia mudar de maneira brusca.

Ele não era aquele ser inocente, muita malícia estava por detrás daqueles óculos escuros e isso ainda me incomodava bastante.

Sinceramente, deu muita vontade de lhe pedir, ou melhor, de determinar que os tirassem. Queria olhar dentro de seus olhos para notar se de fato aquele semblante estava condizente com os seus olhos. No fundo sabia que não poderia estar, se os tivessem não teria colocado os miseráveis óculos.

Como de praxe, ele foi muito cortês comigo, começou falando amenidades e contando acerca de coisas pitorescas que haviam acontecido em um passado próximo. Eu apenas fiquei ouvido, não queria quebrar aquele clima ameno que estava sendo criado. Também não deixei de reparar a sua elegância de modo geral, sei que queria parecer um verdadeiro Senhor, poderoso, porém benevolente. Ele era ele mesmo, como sempre, mas tinha um pouco mais de brilho. Sua força estava mais centrada ainda. Jamais poderia questionar a fortaleza daquele ser. Não sei de onde tirava tanta energia, pena que não era bem canalizada. Caso fosse, seria um ser brilhante, daria grandes contribuições às pessoas. Ele realmente era muito vibrante, quem não estivesse preparado para tanta força, ficaria muito impressionado e o seguiria como foram seguidos os grandes homens de nosso mundo.

Após discorrer sobre coisas agradáveis, mudou um pouco o tom, passou a falar de forma melancólica. Tal sentimento não estava sendo direcionado para ele ou para outras pessoas, percebi isso logo. Ele estava falando para mim. Em momento algum ele afirmou isso ou deixou transparecer, porém, tinha certeza, sua fala era para mim, mais precisamente para minha alma. Eu não queria ficar envolvido com aquelas palavras, mas não pude deixar de ouvir e reconhecer cada palavra em seu sentido não só literal, mas transcendente. Tudo que falava acertava o meu passado, presente, futuro, minha vida, meu coração e a minha própria alma. Deixava claro que a vida, em si, jamais iria doer; o que, de fato, machucava era aquilo projetado e não vivido. Explicava que a maldita ilusão é algo implacável e caso ela não se transformasse em realidade, a dor viria como um monstro covarde e nos engoliria.

Deixava explicitado que era muito triste lutar contra a dor e impossível lutar contra a ilusão, eram por demais destruidoras e ferozes. A única possibilidade de afogar as malditas era vivendo. Esquecendo um pouco as ilusões que provocam dor e vivendo pura e simplesmente, caso contrário o dantesco imergiria com toda a sua força.

Ficou girando em torno de tais ideias por um bom tempo e eu somente escutando e levando em consideração cada observação feita. Sua fala era por demais real e, como de hábito, fiquei em transe diante delas, não dava para desconsiderá-las. Muito mais difícil era querer lutar contra a verdade. Como? Enquanto ele falava, eu me questionava sempre. Ele era o mestre, o pai e o amigo, naquele instante, fiquei desligado de tudo que havia considerado sobre ele. Esqueci de suas intempéries, sua arrogância e malícia. Da sua pseudofortaleza e de sua própria força negativa. Ele estava falando grandes premissas e eu realmente estava entendendo de forma muito clara. Ele foi eficaz e competente, não dava para esconder isso, muito menos negar. Competência ele sempre teve para me afogar diante das verdades. Evidentemente, não pude deixar de voltar a questionar meu ato, minha própria vida e o próprio momento. No entanto, ao mesmo tempo, tudo que falava estava indo diretamente ao encontro daquilo que estava procurando. Queria livrar-me dele e tentar viver uma grande ilusão. Queria apenas viver.

Ele naquele instante, e em outros, significava a prisão e tudo aquilo que apenas gostaria de viver em razão de meu pobre ego. Ao contrário de tudo, após o ato compulsivo e a descoberta, via e vislumbrava a vida plena ao lado daquela mulher que descobri em razão do próprio homem. Ela era a ilusão em sua concretude ampla. Fatalmente, ela satisfaria o meu eu verdadeiro, por consequência meu ego, meu egoísmo e minha carne.

Ele não parava de falar e eu não parava de ficar cada vez mais convicto que meu caminho estava correto, mas também não deixava de vislumbrar quantos erros cometi durante toda a minha vida. E enquanto isso, o tempo passava e eu não sabia em que lugar ele queria chegar, ou melhor, levar-me. Sua fala ressoava como um canto de serpentes. Loucuras e quimeras também passaram a ser a sua tônica. Ele foi mudando o terreno de suas observações e caminhando para um mundo de desejos e fantasias que eram por demais alucinantes. Não fazia parte de um mundo normal, estava nas entranhas daquilo que queremos, mas não podemos. Ele realmente tinha a capacidade de descrever as coisas com muita perspicácia e realidade, mesmo falando acerca de vontades perdidas nas noites e crescidas na força da luz do dia. Ele era um verdadeiro bruxo, tentava não ficar impressionado, mas não poderia novamente me ver aprisionado dentro daquele mundo abundante e tentador. Descrevia coisas que não beiravam à vulgaridade, mas a tangenciavam. Despertava o lado primitivo de cada pessoa, aquele lado réptil que temos. A libido ressoava sutilmente em cada palavra que descrevia. Sim, sem exagero, suas palavras eram tão intensas que iam além de seu significado comum. Elas não ficavam apenas no plano da literalidade, tinham vida ao lado das víboras que rondam as mentes de cada homem. Tentação e loucura eram a temática do homem diante dos desejos sendo, naturalmente, muito eficaz e competente ao discorrer sobre o assunto.

Eu tinha convicção que queria, com tais palavras, jogar-me no abismo da perdição. Sei que eu estava perdido há tempos, mas ele queria me ver caindo, despedaçando-me no poço sem fim. Tinha clara noção disso. Não me deixava falar as coisas que queria e ficar livre logo dele. Ele, sim, sempre se colocava à frente para manter o poder ao seu modo. Enquanto o mantinha, falava coisas que me afetavam. Começou falando coisas da alma e, logo em seguida, me mostrou a carne crua. Desnuda e maravilhosa. Queria em verdade dizer acerca da comunhão entre corpo e alma. Eu sabia disso e ele sabia que eu sabia. Ficou em um jogo de tentações e demonstrações diante de mim. No fundo estava me testando para ver até quando poderia aguentar, suportar o óbvio que nunca quis enfrentar por achar que eu era autossuficiente diante do mundo exterior. Não era, nunca fui e nunca seria. Tais nuanças só faziam me deixar cada vez mais esclarecido da loucura que havia feito.

A entrega não foi boa coisa e o pacto muito menos. Sabia que teria um preço e estava pagando naqueles momentos de descoberta diante da divina realidade que sempre fui covarde em enfrentar.

Enquanto aquele maldito falava, ficava imaginando como ele gostava de ser o dono da situação. Desde o momento que havia entrado em meu escritório, não me deixou em momento algum tomar as rédeas das palavras; muito menos da situação. Tenho que confessar, tudo e todas as suas palavras eram aliadas à minha própria vida, minha condição. Era como se estivesse falando, mesmo abstratamente, acerca do quadro, do desenho de minha vida. Não era uma cobrança mas, pior de tudo, era uma demonstração de minha total incompetência diante da vida. Minha falta de coragem e minha própria ignorância frente ao óbvio. Tais fatores ele conseguiu e estava conseguindo com grande maestria esfregá-los em minha cara sem dó nem piedade. Eu apenas estava ficando resignado com a pura verdade. Tamanha era a obviedade que nem mesmo poderia afrontá-lo.

De forma que fiquei até mesmo questionando se, de fato, ele tinha medo de ser afrontado. Por alguns minutos, comecei a imaginar que estava fazendo aquilo para demonstrar a minha mediocridade, não sabia apenas se era para eu reagir ou para acabar de me destruir. Destruído eu já estava, tentava apenas juntar os cacos e tentar, dentro de minha quimera e loucura, viver aquilo que não tive coragem de viver durante a vida, ou melhor, de tentar ver e viver durante o transcorrer de minha existência. Tinha, ainda, a convicção que meu plano não era mais o plano do trivial. Era um morto-vivo que queria vida em sua glória absoluta. Todas as minhas impressões poderiam ser apenas um grande delírio de quem já foi, mas não gostava muito desta ideia. Afinal, estava lá, ouvindo aquele homem e tendo impressões como sempre tive durante a minha vida toda. Mas também sabia que não conhecia o aspecto da morte. Talvez ela fosse como a própria vida. Ninguém tinha certeza disso e eu apenas teria alguma clareza depois de um longo tempo de morte.

Tinha convicção que meu tempo de pós-vida apenas estava começando. Mas eu estava tão ligado às coisas da vida que gostaria de vivê-las como se estivesse vivo de fato. Naqueles momentos de reflexão absoluta, fiquei com um medo extremo de tudo não passar de impressões virtuais. De ter a convicção verdadeira que estava morto de fato. Havia entregado a minha vida, mas queria viver sob outro prisma, mas, sobretudo, queria vivê-la.

Tive momentos de pânico em pensar concretamente que estava morto como um comum. Que tudo aquilo que estava sentido também poderia ser sentido por qualquer um que passou da vida para a morte.

Fiquei tendo o mesmo sentimento que tinha antes de tudo. Senti-me um grande imbecil. Essa foi a grande realidade de tudo, pois estava vislumbrando aquilo que sempre tentei fugir, não ser comum e nem sentir o trivial, já que gostaria de ter muito mais. Meu podre egoísmo me sufocou e o resultado não poderia se pior.

Fiquei também muito concentrado na ideia de ter muito mais e não pude deixar de pensar que isso foi meu grande erro. Centro de todos os meus erros. Era muito difícil olhar para dentro de mim e chegar a tal conclusão verdadeira, mas era real demais para não enxergá-la. Minha mania de querer sempre aquilo que as pessoas não tinham foi fatal para mim. Do querer demais à lama, essa era a minha verdadeira história. Não consegui correr atrás daquilo que era o normal. Talvez se tivesse procurado o trivial com mais humildade nada daquilo pudesse estar acontecendo comigo. Não seria necessário ficar ouvindo um ser estranho, não precisava de nada, absolutamente nada. Somente viver dentro dos padrões impostos, não apenas pela natureza humana, mas também pelas próprias pessoas.

Enquanto titubeava em minhas indagações pessoais, o homem continuava falando. Nem mesmo sabia se o tempo havia passado em quantidade razoável, mas já tinha algum tempo considerável que falava e eu apenas ouvia. Queria também falar e acabar com tudo aquilo de uma vez. Estava ficando meio incomodado com aquela situação. Precisava gritar também. Isso mesmo, naqueles momentos queria gritar bem alto para o mundo ouvir o meu lamento. Minha insatisfação diante de tudo e de todos e principalmente diante de mim mesmo. Queria que todos ouvissem em bom tom que eu estava desgraçadamente perdido. Havia perdido a batalha da vida, não poderia ser um comum. Já não era um comum.

Aquilo me deixou atordoado e aqueles óculos do homem realmente estavam também me irritando bastante e resolvi demonstrar minha insatisfação, espichei o meu braço esquerdo e peguei meus óculos escuros dentro de minha gaveta. Ele ficou me olhando de maneira diferente, mas continuava falando as suas loucuras. Não hesitei e coloquei meus óculos escuros na maior hipocrisia possível, como já havia dito, não havia claridade para ninguém usar óculos, então, já que eu não tinha coragem de pedir para ele tirar seus óculos e nem parar de falar, resolvi demonstrar cabalmente minha insatisfação ficando igual a ele. E assim, ficaram os dois hipócritas de óculos escuros dentro de uma sala sem luminosidade que pudesse ensejar o uso. Ele não falou nada e eu continuei ouvindo suas falas que para mim naqueles instantes já estavam muito distorcidas e surreais demais. Queria algo objetivo, queria me livrar dele o quanto antes, enquanto falava, ficava pensando como dar o xeque-mate e mandá-lo para o inferno. É isso mesmo, queria mandá-lo para os quintos dos infernos, ir cuidar de sua vida e deixar a minha em paz. Sempre lutei para ter a minha paz, nunca tive, mas queria tê-la. Aquela opressão já estava além dos meus limites. Queria mandá-lo voltar para seu inferno e pelo menos me deixar sozinho no meu. Este eu já conhecia muito bem e não tinha a mínima vontade de conhecer outros.

Dois seres estranhos, assim poderia qualificar tal situação sem nexo. Dois olhares escondendo-se; essa era a situação. Mas por que estávamos nos escondendo. Essa resposta não era tão simples assim, acho que eu tinha medo dele e ele precisava de mim para alguma coisa, nem que fosse para satisfazer o seu ego porco. Mesmo diante daquela situação esdrúxula e ridícula, continuamos ali como se fôssemos pessoas normais. Um cliente problemático e um profissional sem rumo, os dois precisavam de outras coisas, não daquela situação.

Ele precisava demonstrar o seu domínio, pois essa era a sua missão; dominar sempre o que fosse, precisava estar dominando tudo e a todos, principalmente a mim. Não entendia o fascínio que causei àquele ser estranho. No fundo, ele estava ligado à minha loucura, aos meus desejos e aos meus sonhos. Ele, com a classe de sempre, contava-me coisas que sempre tinham algo a ver com os meus sentimentos, fosse o ódio ou a liberdade. O mais importante: a glória absoluta. Mesmo diante daquele caráter maldito, ele me mostrava isso o tempo todo. A glória em seu apogeu, em estado de zênite. Tinha a impressão, às vezes, que não deveria tratá-lo como gostaria de fazê-lo. Ele era na verdade o meu espelho, a minha simetria com tantas coisas que queria fazer, que sentia e queria viver. Nunca, mas nunca mesmo poderia esquecer que ele me mostrou de forma transversal a glória e, por ela, fiquei louco para vivê-la, deixando até mesmo aquilo que em tese não poderia deixar.

Enigmático era aquele homem, isso jamais poderia deixar de lembrar, mas também não esquecia, queria me livrar dele o quanto antes. Estava cansado de tantas loucuras, gostaria de voltar ao começo e falar com a sua amiga e poder pelo menos senti-la mais perto, viver a glória divina ou pelo menos tentar. Pelo menos isso, pois durante a minha pobre e problemática existência, não tive nem mesmo tal capacidade. E nos lampejos que tive, fracassei. Fracassei a ponto de entregar a minha própria vida ao desconhecido. Isso sim foi meu grande fracasso.

Devaneios à parte, eu precisava fazer aquilo que havia proposto, deixar o meu cliente, não ter contato com ele. E de plano interrompi sua fala e lhe perguntei qual a maior razão de estarmos sentados ali naquele momento. Ele com a sua polidez de sempre, apenas falou que tínhamos uma relação profissional e uma simpatia mútua, razão pela qual estávamos lá. Aquilo não me comoveu. Não hesitei e afirmei cabalmente que ele estava errado, porque simpatia eu nunca havia tido por ele e quanto ao aspecto profissional, esse de âmbito objetivo, estava sendo encerrado naquele momento. Pedi também, antes mesmo que falasse alguma coisa, que não questionasse a minha atitude, pois a minha decisão de não mais ser o seu aliado era algo de foro íntimo e eu poderia assim fazê-lo sem mesmo agir com falta de ética profissional. Quanto ao aspecto moral, era outro problema que lhe pedi para não questionar também, pois não chegaríamos a lugar nenhum.

Ele ficou estático e em silêncio absoluto, sua expressão, mesmo usando aqueles óculos nojentos, em nada mudou. Apenas ficou calado esperando que falasse algo mais. Não falei. Ficamos calados esperando alguma atitude. O silêncio tomou conta de tudo e foi como se o mundo tivesse parado. Senti um medo extremo naquele silêncio sepulcral, novamente senti que poderia estar morto como um comum. Senti que o pacto poderia ter chegado ao seu fim, pois já que havia pedido para eu poder abandoná-lo, nada mais justo que ficar sozinho como eu havia desejado ficar no momento do ato compulsivo. Talvez esse fosse o preço que nem mesmo sabia direito acerca de sua existência, sua plausibilidade.

Sabia somente que um preço eu teria a pagar algum dia, de alguma forma, por ter me metido em tamanha loucura, mas nem mesmo sabia para quem e quando deveria pagar. Fiquei atônito em pensar que aquele homem realmente tivesse algo a ver com tudo aquilo. No fundo de minha alma, tinha convicção que tinha relação direta com tudo. Sabia disso, pior de tudo, sentia isso, infelizmente.

O tempo ficou congelado e eu fiquei sem rumo ainda mais. Minhas forças ficaram exauridas e meus pensamentos perturbados. Senti toda a aflição que sempre havia sentido durante toda a minha vida, mas dessa vez ela estava concentrada e afiada, doía dentro de meu peito e espalhava por todo o meu corpo. Senti que atingia a minha própria alma. Eu estava totalmente dilacerado por dentro. Um grande arrependimento eu tive por tudo que estava acontecendo e por tudo que havia feito. O sentimento de covardia tomou conta de mim. Eu, naquele instante era o pior ser existente e não sabia como sair daquela situação, mas ao mesmo tempo estava um pouco aliviado, pois tinha plena certeza que estava quase sucumbindo, mas estava galgando outro plano de minha existência, pelo menos tentando. Isso já era muito importante, já que tentar era um pedaço da glória que sempre busquei, mas que nunca tive coragem de realmente lutar com todas as minhas forças para alcançá-la. Tinha que ter em meu coração a sabedoria que todo aquele sentimento negativo era passageiro. O Sol nasceria no outro dia e fatalmente estaria me sentindo melhor, assim, deveria pensar. Agarrar-me a essa ideia, pensar muito positivo, olhando para os louros do futuro, senão eu realmente sucumbiria para sempre. Precisava ter forças e rogava por isso. Implorava por isso.

Minha vida era uma constante guerra interior e estava travada mais uma vez; difícil, muito difícil, mas sabia que era apenas mais uma de tantas outras que havia travado e fatalmente iria haver outras. Naquele instante de silêncio, minhas energias estavam indo embora com muita fluidez, mas eu estava também ganhando forças com a minha própria fraqueza. Sei que tal fato é paradoxal, mas aconteceu. Na fragilidade o ser, alguns deles, cresce e se supera, isso sempre acontecia comigo. Também nunca era demais lembrar que tudo é passageiro e aquilo deveria ter um fim. Estava apenas vomitando o momento final de uma relação negativa, mas que havia demonstrado grandes coisas. Demonstrado que a vida só tem sentido quando realmente se pode senti-la pulsando e de maneira oblíqua. Nada de coisa absolutamente reta, as energias têm que ter direções diversas do trivial. Aquele homem fez com que eu descobrisse a razão real de tudo. Não posso negar jamais essa contribuição que ele havia me dado. Às vezes achava, e não duvidava disso, que tudo tinha sido uma grande armadilha, aquela mulher não apareceu por acaso em minha vida. Não havia muito nexo ou nexo algum a sua aparição junto com o homem. Por qual motivo ela teria que acompanhá-lo nas conversas profissionais que tive com ele? Por qual motivo ela falou acerca de fatos da vida dele? Sinceramente, tudo era meio sem sentido. Mas não poderia deixar de lembrar que ela me encantou e deu forças à minha alma para que pudesse tomar outros rumos em minha vida. Não poderia nunca esquecer isso e agora, que já estava no meio do furacão, não poderia retroagir. Deveria continuar e lutar para ir atrás da quimera. Queria por tudo viver o sonho. Se não vivesse, queria apenas morrer de fato. Entregar-me ao desconhecido de uma vez por todas e esquecer tudo. Deixar os vermes, as baratas e as formigas roerem as minhas entranhas pois, assim, talvez eu pudesse viver a minha verdadeira paz.

O silêncio, ainda, permanecia. Nós ficamos ali diante de paredes caladas sem saber o que falar. Mas abruptamente ele se levantou e aquela atitude de ter ficado mais alto que eu lhe deu uma condição de superioridade total, não tive coragem de levantar, apenas fiquei olhando para ele com os olhos erguidos. Naquele instante dei graças a Deus de estar usando meus óculos, pois não teria coragem de encará-lo. Seu semblante continuou o mesmo, ele tinha uma frieza tamanha no coração que expandia para todo o seu semblante. Ele era impávido, inabalável dentro de sua fleuma, eu sentia isso. Tinha medo daquele aspecto, ele ia ao encontro do sombrio. Sinceramente, naquele instante achei muito bom ele estar também usando aqueles óculos, não poderia encará-lo de modo algum. Há males que realmente vêm para nos dar alguma força, trazer alguma proteção. Apesar de tudo, a sua postura, ameaçadora ainda estava presente. Sabia que não iria fazer algo contra minha integridade física. Fiquei apenas pensando em suas próximas assertivas. Ele antes tinha discorrido acerca de minhas fragilidades e desejos. E agora, ele iria falar o quê? Eu continuava ali sentado em postura de inferioridade. O tempo voltou a passar lento e cada vez mais tinha vontade de que ele fosse logo, retirar-se para sempre de minha vida.

Quando pensei com firmeza na possibilidade dele realmente sair de minha vida houve uma fala por parte dele apontando para uma direção clara e objetiva. Disse cabalmente que eu jamais poderia ficar livre dele. Como nunca, de fato, havia ficado e que jamais iria ficar, pois sempre caminhamos juntos, desde o início; fazíamos parte de uma coisa só.

Aquela afirmação me deixou completamente atordoado. Fiquei estático e ele começou novamente a falar de maneira incessante. Suas palavras dirigiam-se aos meus medos e covardias. Ele desnudava o meu lado fracassado e toda a minha torpeza, fez-me sentir o pior dos seres. Fiquei com vergonha de ter nascido e pior de tudo, não haver me desenvolvido o suficiente para adquirir uma melhor visão da vida. Na realidade, quando pensava nesse aspecto, até compreendia a visão que tive, mas não consegui colocá-la em prática. Tal aspecto era jogado por ele em minha cara a todo momento. Entreguei os pontos e não reagi; perdi inclusive aquela vontade louca de que ele fosse embora o quanto antes. Apenas fiquei ouvido, resignado, a tudo aquilo.

No meio da conversa, teve o descaramento de me humilhar ainda mais quando disse que eu estava de óculos justamente porque não tinha coragem de olhar para dentro de mim mesmo e encarar a vida como ela sempre foi. Não tinha coragem de ver a minha própria alma de frente. Olhar para dentro de mim e tomar decisões decentes e corajosas. Explicitou rispidamente que eu era um grande covarde. Que eu tinha o pior de todos os medos; encarar a mim mesmo. Novamente não tive reação, apenas mantive, ou melhor, aumentei minha apatia. Não tinha vontade de chorar, correr, fugir. Não tinha mais vontade. Estava neutro, apenas querendo o nada. Perdi naqueles instantes a vontade de ter a glória, e a fúria de lutar para procurá-la. Fiquei perdido e sozinho. Estava de fato morto. Essa era a impressão que tive claramente. Aliás, sempre fui um morto, apenas estava estendendo a minha verdadeira vocação a um plano diferente.

Um grande medo ainda pairava naquela sala; tive muito medo dele tirar os óculos, quase pedi para que não o fizesse. No âmago, tinha uma convicção, não iria tirar, mas quase implorei por isso. Precisava ter certeza que ele não tiraria.

Não poderia negar, tudo o que falou era a mais absoluta verdade. Sempre soube de tudo, mas por uma inércia de estupidez e covardia, não consegui fazer nada diante daquilo que seria a solução de tudo.

O homem naquele momento era um verdadeiro mar revolto, falava e falava e eu apenas compreendia. Sentia cada vez mais a pura realidade. A triste realidade.

Após ter falado tudo que queria, virou-se e, já prestes a ir embora, voltou-se para mim e afirmou, o suplício estava apenas começando. O mais importante, ele afirmou, já tinha me mostrado; melhor, eu mesmo tinha descoberto através dele. Ele deixou muito claro que deveria, então, começar a buscar o meu sofrimento. Disse ainda que o preço do pacto já estava sendo pago. Quando ouvi aquilo, fiquei gélido, completamente apavorado e ele se foi. Perdi o controle, o demônio estava no comando.

CAPÍTULO X

A compreensão

Quando ele saiu, tive toda a convicção do mundo que havia ido embora para sempre, mas ao mesmo tempo tive uma clara noção, jamais iria partir de dentro de mim. Um pensamento envolto de contradições e coisas sem nexo, mas aqueles eram os sentimentos. Era como se ele fizesse realmente parte de mim. Sentia a sua presença em minha frente, visualizava em meus lados obscuros e horríveis. No fundo de minha alma, sentia que aquele homem representava apenas o conflito, o qual temos entre o bem e o mal; entre o certo e o errado, a realidade e o sonho, a comunhão e a solidão. Ele me ajudava e me destruía como fazemos com nós mesmos em nossa luta pela busca da vida em sua plenitude.

Sabia que naquelas condições, anteriores, jamais voltaria, mas sentia que ele estava e ficaria muito próximo de mim sempre. Estaria me atormentando e dando palpites impróprios o tempo todo. Talvez querendo fazer com que eu descobrisse os meus profundos desejos, não tivesse medo do enfrentamento, seja qual fosse a situação. Que usasse meu lado inescrupuloso quando necessário. Gritava para tornar-me mais malicioso e deixar que os meus vícios não ficassem tão encobertos. Ser um pouco mais eu. Mais humano. Era isso que ele queria. Ele queria que eu otimizasse a virtude de meus vícios. Os vícios são necessários em momentos próprios e adequados. Vícios e virtudes, precisamos deles para sobreviver.

Após sua saída não via aquele ser como meu inimigo, mas como um grande sinal de alerta. Tive a clara noção que saí fortalecido da situação. Estava mais preparado para algo maior e melhor, fosse o que fosse, estaria mais lúcido para ver, sentir e vencer cada passo de dificuldade. Sentia a leveza de um ser esperançoso. Era um sentimento puro e brilhante que tinha tomado conta de mim, foi um grande renascimento. Das cinzas à esperança. Da tempestade à bonança. Estava vivo.

Fiquei lá em minha sala sentindo aquele momento de esgotamento de uma série de sentimentos negativos. Estava fraco fisicamente, após aquele bombardeio de críticas e verdades jogadas contra mim sem piedade nem dó, mas a minha alma estava pulsando forte, pois sabia que, de certa forma, havia me livrado do homem e suas palavras tinham gerado resultados positivos para minha visualização acerca de minha própria vida. Sei que foram duras e me causaram dores e remorsos terríveis, mas foram eficazes. Como um remédio ruim, mas necessário.

Talvez tivesse nascido um outro ser, naqueles dias de encontro com a criatura horrenda, pelo simples fato de querer ficar livre dele para seguir meu caminho verdadeiro e buscar minha lucidez. Talvez ele mesmo tivesse provocado tudo isso para eu poder crer em mim mesmo, por isso não lhe via mais como um inimigo simplesmente, mas apenas como algo de valia real. Aquela visão acerca de meu passado próximo foi muito acalentadora, deixou-me equilibrado e mais tranquilo para tentar seguir a minha vereda. Logo depois da tempestade, de fato veio a bonança. Algumas leis não falham e eu havia sentido a sua força, não que estivesse no paraíso, mas pelo menos havia resolvido um pedaço de meus problemas. Uma etapa havia superado, o terreno já estava pronto para prosseguir para outro plano. Isso me encheu de esperanças e fiquei sentindo uma grande energia positiva. Sabia que o meu sonho poderia ser concretizado, muitos ensinamentos eu tive desde o ato compulsivo. Descobri o trivial e notei claramente que precisava ser um comum. Que não era autossuficiente e precisava de outra pessoa para seguir comigo o meu caminho. Além do mais, libertei-me, renasci de mim mesmo pelo simples fato de ter tido coragem de me encarar, olhar para dentro de mim e procurar ficar livre de pesadelos. Na pior das hipóteses, tive coragem de ver meus vícios e, de certa forma, compreendê-los para pelo menos viver com eles, mas não ser seu escravo. Sei que eles iriam me seguir para sempre, porém sentia que poderia, daquele momento em diante, conviver um pouco melhor com tudo aquilo. Não poderei jamais negar que a luta foi louca e difícil, mas estava me sentindo um vencedor. Aquilo já bastava. Simplesmente bastava.

Liberdade e paz, duas coisas maravilhosas que todos procuram desde o momento em que se tem noção de vida. Acho que em verdade procurava apenas isso, o resto era apenas meu instrumento para consegui-las. Liberdade para meu corpo e paz para minha alma. São coisas muito semelhantes; são assemelhadas. Uma depende da outra. Queria as duas ao mesmo tempo, precisava das duas, tanto para o concreto quanto para o abstrato, só assim ficaria no reino do céu.

Sei que a minha vida foi uma grande romaria de ignorância à procura de luz. Apesar de tudo, sempre tive noção dos meus pensamentos involuntários. Eles precisavam nascer com mais força, sabia do potencial que existia a cada lampejo. Nunca pensei que era um pobre esvaecido, tinha força e perseverança, talvez tamanha energia havia voltado contra mim mesmo. A força tornou-se veneno por não saber usá-la de modo adequado. Minha vida sempre tinha sido esse encontro de forças que acabaram me obrigando a ficar no claustro da loucura e ainda fazer a intempestiva busca que nem mesmo sabia onde poderia parar. Fiz e agora, mais do que nunca, descobri coisas normais que deveriam ter sido descobertas há muito mais tempo. A grandeza de querer saber tudo havia feito de mim um refém de mim mesmo e fiquei cego durante muito tempo para a verdade simples.

Tinha esperança que tudo havia sido de certa forma descoberto, mas não sabia se era possível viver as descobertas nas minhas condições. Este era, naquele momento, o grande dilema; viver a vida sem estar realmente "vivo". Sabia que estava, pois tinha clareza das coisas que passavam ao meu redor. No entanto, talvez a morte pudesse ser algo muito parecido com a vida, inclusive a sua própria extensão. Tudo poderia ser, enfim, ninguém sabe, então...

Então, precisava tentar viver o sonho da vida e fiquei com toda energia ao meu favor. Tinha clareza daquilo que queria, tinha meu norte, estava centrado como nunca havia estado. Fiquei de certa forma livre do homem e apenas deveria seguir a minha vereda. Precisava fatalmente ir atrás da pessoa que me deu grandes perspectivas de vida, grande noção do que seja a própria vida. Tinha que tentar, tentar seria a minha única chance de dar algum sopro de luz a mim mesmo. Não deveria ficar estático, covarde e continuar em minha redoma maldita. Deveria ter coragem de sofrer, brigar e, se fosse preciso, seria até inescrupuloso. Eu deveria fazer uso de todos os artifícios que fossem necessários para minha pobre sobrevivência, pois não queria apenas vegetar ou ir sobrevivendo, mas queria sentir o apogeu, a glória que todos devem sentir, sob pena de apenas sentir o limbo da vida. Estava vivo, queria gritar em voz alta, queria explodir, implodir para dizer a todos: eu estava vivo e queria apenas viver como se deve ser vivido, só isso. Será que um pobre mortal não tem tal direito? Eu também queria esse direito, queria fazer uso dele, por que não? A vida só tem significado se isso acontecer, as outras coisas são meros assessórios, deleites fugazes que não dão a verdadeira dimensão da verdade. A verdade é uma só, quem não a entende e não a procura está fadado a viver o inferno. Havia durante a vida inteira vivido o próprio, não queria isso para mim, nunca mais. Nunca mais, em hipótese alguma, queria isso para mim.

Precisava agir, não poderia perder tempo, o tempo já havia escorrido demais entre as minhas mãos, não poderia deixá-lo passar assim sem fazer uso dele, deveria ser seu aliado, não seu inimigo. Deveria sorvê-lo e ter o prazer de seu deleite mas, para tanto, teria que correr atrás de um prejuízo de uma vida inteira. Não poderia ficar apenas no plano da quimera e dos desejos, deveria ter a coragem de arrebentar a cara, se preciso. Teria que buscar com todas as minhas energias aquilo que sonhava e queria para me sentir vivo. Esse era o ponto central de tudo. Aliás, de toda a minha vida.

Desejo e coragem. Duas coisas que estão no mesmo plano para se atingir outras que estão em planos distantes. Um começo, um meio e um fim era apenas a vida a ser vivida. O começo já havia se expandido, descobri o desejo, o sentido maior da vida, e bastava, então, a coragem para dar continuidade a tudo. Um verdadeiro triângulo no qual a vida fica em seu ápice e o desejo e a coragem ficam lhe dando sustentação. Isso é um verdadeiro resumo de tudo. O resto é mero acessório que se encontra dentro desse triângulo passageiro do qual não sabemos de onde veio e para onde irá e nem ao menos sabemos em que local se encontra diante do resto do universo.

Diante de tudo aquilo resolvi ir atrás da vereda perdida, tinha forças para tanto. Não havia outro caminho, a luta deveria começar já, o quanto antes, para eu continuar a tentar sentir a vida em sua glória, pois se eu perdesse o norte, poderia realmente me entregar para sempre.

CAPÍTULO XI

A busca

Fui para casa meio transtornado com tudo o que havia acontecido mas estava esperançoso e tinha vitalidade em meu coração, sabia que tudo era pura ilusão, não tinha dúvida daquilo. O homem foi uma escola efêmera e poderosa. Talvez não tão Efêmera, pois talvez realmente estivesse ao meu lado sempre. Não poderia esquecer que ele havia dito que éramos uma coisa só. Diante de tudo, descobri coisas que não queria ter ao meu lado e descobri principalmente a minha verdadeira vontade de viver e não ter coragem de arriscar. Talvez essa foi a grande dádiva que tive, mas, sobretudo me vi de forma desnuda com meus defeitos e fraquezas. Vislumbrei meu lado torpe e até mesmo cruel. Nunca imaginei que pudesse ser tudo aquilo. Não estava me sentido um traidor pelo fato de tê-lo abandonado em razão de uma simples criatura. Queria viver, esse direito era inerente à minha pessoa, ninguém poderia me tirar isso. Queria viver, apenas.

Não tinha interesse em prejudicar ninguém, precisava ter algo que nunca tive, vida em seu apogeu. Não sei se minhas ilusões poderiam ser concretizadas, mesmo porque não dependiam de mim mesmo. Iria além de minhas possibilidades, talvez até mesmo além de minhas condições, às vezes ficava imaginando até quando poderia continuar me sentindo um ser que já se foi, mas que estava lá. Sabia que era isso que estava acontecendo, mas eu estava sentindo o mundo e sempre tive a nítida noção que o mundo também me sentia. Tudo poderia ser apenas fragmento de meus delírios finais, entretanto estava querendo vida, então, partindo de tal premissa, estava vivo. Não gostaria de questionar nada, muito menos isso.

Em casa, não queria descansar, apenas olhei para o telefone e liguei. Queria ouvir aquela voz mansa e lenta. Queria começar a minha luta, fosse como fosse, tudo seria válido, precisava varrer minha alma de alguma forma. Queria ter força no coração para sentir muita dor ou muita glória. Queria tentar, queria sentir a vida como ela sempre foi: voraz em todos os seus aspectos. Abismal, esse era o verdadeiro sentimento acerca da vida naquele instante, pois a sensação era de coisa sem fundo e extremamente desafiadora, mas bela e maravilhosa. Não admitia a ideia de continuar a ser cinza, ficar no limbo ou simplesmente ter medo do desconhecido. Era tudo ou nada, como foi na entrega. Arrisquei para buscar a compreensão, já que minha ignorância estava acima de minhas forças. Fui corajoso e covarde ao mesmo tempo. Corajoso para buscar aquilo que não tinha compreensão e covarde em não tentar viver e ser um ser comum. Queria aquilo que nunca existiu, ser acima de tudo, autossuficiente. Nunca fui como queria. Podre e pobre ignorante que fui.

Enquanto fazia minhas indagações de praxe, o som da ligação era distante e profundo, acho que meu sangue articulava-se mais lento, impressão paradoxal, mas acho que aquilo acontecia porque sabia que em um momento extremamente próximo ele iria circular muito quente e articular de modo avassalador. Tinha tal noção bem clara, meu organismo preparava-se para tanto. Estava apenas aguardando o sinal, a voz do outro lado.

Um som quase insignificante, mas extremamente carregado de expectativas. Toda vez que fazia aquele som de chamada era como se a vida estivesse começando e terminando. Em um único som e tudo se resumia. Uma verdadeira resenha de toda uma vida. Tão pequeno lapso de tempo, tão solitário som, ficava questionando, o motivo de tamanha força. E ele continuava em sua súplica incessante. Eu apenas o ouvia e esperava, queria que tudo terminasse naquele momento que o som fosse transformado por uma voz cândida e distante, mas não queria distância em seu sentido literal, queria apenas ouvir algo que não estava ainda ao meu alcance, mas algo plausível com feição real. Que o distante se tornasse perto e que o perto se tornasse meu espaço, era aquilo que eu queria ter. Não queria mais nada.

O mundo havia parado junto com o som da chamada. Sentia tudo estático e silencioso. Estranho dizer isso, mas o som dava a plena noção de silêncio e solidão. Sabia perfeitamente que a qualquer momento poderia ouvir alguém dizer algo. Uma resposta, uma luz, entretanto, em meu sentimento mais puro e irracional, tinha a noção que tudo aquilo era virtual, não existia em realidade. Evidentemente, não era isso que ocorria, poderia, sim, haver uma resposta a qualquer momento. Poderia haver uma parada imediata daquele som e começar outro mais interessante e interativo. Precisava de troca, aquele som apenas emitia algo sem dar nada em troca, somente pedia, alertava que eu estava procurando, como sempre procurei em minha vida. Mas estava cansado de procurar e não queria que aquele som reproduzisse tudo aquilo que fiz durante a minha vida. Queria o achado, já tinha procurado demais. Gostaria de colocar um fim naquilo. Estava disposto a lutar sem medo e se fosse o caso, sentir muita dor. Tinha disposição para dor, minha covardia inerente estava fraca e distante, não tinha medo dela, muito pelo contrário, queria afrontá-la para dizer a mim mesmo, estou pronto. Quero vida, só isso. Apenas isso, rogava por sentir a vida pulsando dentro de mim ou então que a morte se explicitasse de uma vez e me proporcionasse a minha libertação, minha paz. Estava disposto a tudo. Era aguerrido e pré-determinado para buscar aquilo que não havia visto durante toda a minha existência medíocre. Mesmo na minha condição, estava firme para todas as adversidades.

Tinha plena noção que as palavras daquela criatura acerca de suas fragilidades e necessidades poderiam ser apenas um som ao vento. Um momento de procura de apoio. Um mero momento de fraqueza. Ainda não tinha entendido, nem havia uma razão clara para entender o motivo de ter me procurado como se eu pudesse ajudá-la diante do homem. Dúvidas havia por todos os lados, estava em um labirinto à procura de respostas sem fim ou começo. Estava como sempre estive, perdido. Apenas tinha certeza, pela primeira vez em minha "vida", que queria de fato alguma coisa. É extremamente interessante saber aquilo que queremos. Demorei demais para descobrir isso também. Ter um caminho é muitíssimo importante para ter a firmeza no coração e seguir em frente. Coisas banais eu descobri, infelizmente, talvez em um momento inadequado. Meu sacrifício foi grande demais. O risco foi por demais louco. Não precisava de tanta loucura. Mas aquilo que estava feito, não tinha como voltar, então era seguir para ver o resultado. Por isso, eu lutava e tentava achar a verdadeira compreensão de tudo, queria senti-la não apenas entendê-la.

Enquanto o som não parava de acenar para uma possível troca, eu ficava a fazer, como de hábito, minhas indagações acerca de minha pobre existência. Já estava cansado de questionar, precisava, de fato, ter o contato real, basta de abstração, sabia que o excesso de abstração não iria me levar a lugar algum como de fato nunca me levou. Chega de tudo isso, queria o trivial, queria quebrar a cara de verdade, não ficar criando situações ou ilusões que não levam ninguém a lugar algum. Queria colocar um ponto final em tudo, queria dar um basta, mas nem mesmo o telefone atendia para eu poder fazer aquilo que gostaria. A cada chamada era como se fosse um aviso que nada iria mudar. Tudo ficaria como sempre foi, um marasmo. Queria por tudo que o telefone fosse atendido o quanto antes. Estava ficando ansioso demais para não obter uma resposta.

Parecia uma maldição, nem mesmo quando eu tinha energia suficiente para ir buscar algo, as coisas aconteciam. Naqueles instantes de espera tudo estava lento demais, arrastado demais. E isso me dava a plena convicção que tudo continuaria como sempre foi. Nada estava mudando, não iria mudar. Estaca zero. O começo do nada. Não houve evolução. Desisti.

Desliguei o telefone e comecei a tentar, de modo pouco frutífero, a entender o motivo daquela criatura querer a minha pobre ajuda. Não entendia nada de forma coerente, apenas tinha lampejos aleatórios de seu querer. Na realidade, estava tão entorpecido por ela que sabia nitidamente o que eu queria, não aquilo que ela poderia querer comigo, por isso eu deixei tudo em razão de algo maior.

Já que por meio do telefone não conseguia falar com ela, deveria ir até o seu encontro. Não sabia ao certo o local em que morava, mesmo porque nosso contato de certa forma ficou muito restrito a outros tipos de fatos. Sabia que apenas frequentava certos lugares. Fiquei na dúvida se insistia em falar com ela pelo telefone ou se a procurava em prováveis lugares. Lógico que a primeira opção era muito mais razoável, eu deveria tentar novamente, deveria tentar de novo mais tarde, outro dia. Assim deveria ser feito, era mais racional, mais coerente. Tentaria entrar em contato com ela pela forma mais fácil. Se não conseguisse, deveria procurar outras formas.

CAPÍTULO XII

O caminho

Tortuosos sempre foram os meus caminhos, então, para não mudar o meu rumo, procurei o caminho mais difícil. Tinha vocação para o sofrimento. Não entraria em contato com ela, procuraria em lugares por ela frequentados. Pensei que, assim fazendo, tudo seria mais natural.

Cinzenta e distante era aquela noite que carregava a minha caixa de ilusões no âmago do meu coração. Caminhar era necessário, mesmo que fosse entre aquele amontoado de problemas existentes por absoluta falta de compreensão. Assim, eu faria, iria atrás da compreensão, mesmo que fosse um errante, mas andaria atrás.

Naquela noite havia uma paisagem convidativa que a cidade no seu aspecto noturno deixava fluir frente ao céu claramente escuro. Bem junto às nuvens, dava para vislumbrar que, em breve, a chuva cairia como caiu o manto daquela noite. Essa fatalidade estava explicitada, descrita na própria escuridão que a encobria.

Na realidade, naqueles instantes, minhas observações eram bastante irascíveis diante daquele meu habitat natural. As pessoas também davam suas contribuições para toda essa visão peculiar. Algumas tinham feições fechadas, ora olhavam sempre em frente, às vezes davam a impressão de não existirem. Seus passos apressados demonstravam quão afoitas se tornavam num compasso desvairado. Outras não, desligadas do mundo apenas andavam em um sentido sem sentido para mim.

Pessoas são notáveis criaturas que carregam um grunado de pensamentos que escorrem somente para elas. Um mundo subterrâneo escondido em cada rosto, em cada passo, e pior de tudo, em cada sentimento envolto de claustros inacessíveis. Aparentemente tudo é trivial, mas a verdade está muito longe desta trivialidade.

Importante não olvidar de minhas intenções, não poderia desviar de meus objetivos. Olhar para frente era importante naquela altura, independentemente do mundo ao meu redor, era necessário observar aquele mundo que me acompanhava constantemente. Deste eu não escapava, sempre me acompanhava e buscava a verdade bem ao meu lado.

Talvez as dúvidas poderiam me levar a algum lugar, não tinha certeza disso, mas sentia que deveria buscá-las, sem medo de errar. Mesmo porque ali estava meu maior destino, meu próprio caminho. A minha própria vida. Daí deveria criar forças e enfrentar o medo da busca sem receios ou preconceitos. Principalmente, sem preconceitos. A necessidade de seguir um caminho real sempre foi a maior de todas as fortalezas. Aquilo que existe nas profundezas de nosso ser não se deve duvidar que é a maior de todas as qualidades que alguém pode querer.

Minha cabeça estava marejada por um turbilhão de coisas, mas ao mesmo tempo procurava seguir o reto caminho em busca de alguma possibilidade de alcançar o êxtase tão sonhado. Eu tinha planos e buscava, na marra, uma sensação de concentração a fim de não errar a tênue, porém intensa investida.

De fato resolvi seguir os parâmetros iniciais e procurei recompor-me de forma racional. Tinha certeza que tudo poderia dar certo. Isso mesmo, minha convicção estava solidificada na possibilidade real; na certeza absoluta que eu poderia encontrá-la.

Sabia que se fosse aos locais por ela frequentados, logicamente as chances de encontrá-la aumentariam. Intuía que ela frequentava aquele bar. Tudo deveria acontecer da forma mais comum possível, nada de romper com o normal.

Logo fui ao seu rumo sem parcimônia. Tão logo cheguei, percebi que naquele lugar ninguém notava ninguém, havia um clima de total desleixo em relação a tudo que havia ao redor. Apenas aqueles que se conheciam mantinham um diálogo reservado e em tom baixo. Uma música ao fundo tentava animar o ambiente, mas até mesmo aquele som contribuía para a mantença da languidez existente.

Não pude deixar de perceber aquela música em suas entranhas, era altamente ambígua e turva, tecia um caminho que procurava a vida e descrevia os desejos; um som envolto de intenções em segundo plano. Dava para perceber isso claramente, bastava senti-la, deixando o êxtase hipnótico rastejar depressivamente. Era uma música eclética na qual emergia de seu fundo um som com curvas vivas que aflorava mística e perdidamente entre as loucuras de suas letras. O baixo ditava o tom, lentamente demonstrava a sua força, não deixando o onírico desvairar, bastava acompanhá-lo e sentir a sedução.

A canção continuava e eu, por um pequeno lapso de tempo, esqueci de tudo e fiquei paralisado estaticamente diante daquela música. Ela tinha a cara das pessoas que ali estavam; demonstravam que apesar do tom profundo e distante, existia um sopro efusivo de vida da forma mais apurada possível. Infundia nas pessoas e estas acatavam perfeitamente o sentido da música.

Apesar da distância que existia entre cada pessoa naquele local, elas estavam em uma mesma vibração, existia um pensamento único. Era como se orassem um desejo em conjunto, como se cantassem os cânticos dos monges ou paradoxalmente como se buscassem o sentimento da solidão do ermitão.

Havia esquecido da minha verdadeira razão de estar naquele local. Retomei meus sentidos e direcionei meus impulsos exclusivamente para o fim desejado. Sentia que a minha busca real tinha realmente um grande sentido, não era qualquer coisa despojada ao bel-prazer de uma tendência momentânea, era algo muito maior.

Resolvi ficar sentado apenas observando as pessoas, ouvindo aquela música frívola e vislumbrando a possibilidade dela chegar. Sabia conscientemente que estava jogando no escuro, racionalmente era melhor eu procurar outras formas de me vincular, não precisava ficar rondando de bar em bar como um sonâmbulo inconsciente. Como um vampiro sem rumo. Porém, por uma questão de orgulho rumei à vereda mais difícil, mas tortuosa.

Ficar sozinho já era um tédio, por isso pedi ao garçom uma bebida para ajudar a gastar o tempo. A noite passava lenta demais, bem mais lenta que meus pensamentos; estes, sim, estavam céleres. Parecia que eu tinha várias cabeças tal como um cérbero vigiando a entrada do inferno, pois por mais que me esforçasse, não conseguia abstrair as coisas agradáveis, só aquela impulsão mesclada de desejos e melancolia aterrissavam em meus momentos.

Aquilo me causava uma sensação marginal diante das outras pessoas, sentia-me um verdadeiro alienígena com maus fluídos. E o murmúrio desenfreado do ambiente transformava-se em um algoz inimigo, dava-me a impressão do mais absoluto distanciamento de cada face. Não era constrangedora a minha posição, afinal muitas pessoas estavam na minha situação; além de tudo, naquele lugar reinava este tipo de coisa. Mas mesmo assim, tinha a impressão que todos estavam me olhando com um grande sentimento de dó. Isso frente ao meu imenso orgulho deixava-me em uma grande aflição.

Talvez a bebida aliviasse um pouco; e entre um gole e outro, a excitação da alma e do corpo aumentava cada vez mais, o álcool é assim mesmo, ele mostra o céu e oferece o inferno. Mas como todos nós temos um pouco de masoquismo, nada como ficar meio aéreo para comunicar melhor com seu inferno interior e particular. Na realidade, analisando criteriosamente, verificava que aquilo me causava mais transtornos, uma anestesia falsa que aflorava apenas os fantasmas existentes que submergiam com todas as suas forças. Criavam-se ilusões distantes da realidade e as distorciam plenamente.

Estava acuado como uma fera apavorada, tinha vergonha do presente, insegurança do meu futuro e um sentimento de fracasso de meu passado. Diante dessa realidade verdadeira, resolvi sair daquele ambiente, não fazia sentido me sentir tolo. Entretanto, o tempo transcorreu sem que eu notasse sua velocidade; sentia que já estava bêbado literalmente. Sem querer ficar, fiquei. Não gostaria que ninguém observasse meu estado. Procurei transparecer o meu lado ainda lúcido, pode ser que não conseguia demonstrá-lo mas tentava a todo custo.

Pedi uma água e esperei um pouco, talvez aquele efeito etílico passasse e eu poderia ir embora logo em seguida. Apesar de meu estado lastimável, sabia que tinha absoluta noção das coisas, a percepção encontrava-se clara. Dava apenas um tempo a mim mesmo, precisava disso simplesmente.

Já tinha entregado os pontos, de fato aquela não era a minha noite, paguei a conta na saída e tive a impressão de estar sendo vigiado por uma multidão. Sabia que não tinha nada a ver, mas me sentia o ridículo em pessoa. Era como se não fizesse parte daquilo tudo, mas fazia!

Estava cansando da mesmice, tudo igual; às vezes não queria questionar isso, acho que era a minha absoluta mediocridade. Tinha medo de me convencer disso, talvez fosse a maior realidade da minha vida. Continuava com aquela pesada sensação de fracasso.

Olhei para o carro e ele estava ali, era como se fosse o meu confidente, esperando a minha volta para me deixar na minha origem; aceitar o aspecto pequeno da minha mente e de meu corpo, entender as ilusões e acreditar no rumo sem rumo de minha alma.

Sei que não estava sozinho no mundo; muitos estavam na mesma situação, procurando, buscando o nada; a ilusão mais profunda da profana tendência humana de procurar entender aquilo que nunca irá entender e o pior de tudo, viver.

Não aguentei tais sentimentos pequenos e resolvi deixar o carro lá mesmo. Não me preocupei com ele, não queria nem saber de eventuais consequências. Precisava andar e voltar para a minha casa a pé. Como sempre, andar me fazia bem e mais do que qualquer coisa, eu precisava me sentir melhor. Não estava muito contente e este sentimento já estava me enojando. Deixei o carro para tentar exorcizar os demônios que me rodeavam.

Naquela hora da madrugada quando comecei a caminhar, notei que fazia muito frio. Era um frio ríspido, mais do que gélido; ardente e penetrante. Doía quando respirava. Além daquele maldito tempo, havia alguma coisa pesada no ar, cor de chumbo, estática. Aleatória como a sombra da noite que encobria o velho prédio. Na verdade, não era tão velho, tinha pouco mais de, talvez, quarenta anos, mas, tinha um carma de um castelo medieval.

Estava cansado, precisava de qualquer forma pensar; não conseguia direito, meus pensamentos vagavam sem rumo. Quem sabe um alento poderia me tirar daquele estado devastador que encobria minha alma naquele momento. Já não aguentava crer na possibilidade de sair daquele lugar sem resolver um problema tão simples, mas que jamais fora respondido por qualquer pessoa em sã consciência. As respostas daquilo que eu queria não eram de coisas racionais. Viriam de qualquer lugar menos da razão. Sabia que não iria ter respostas prontas, sabia que nada saía do nada. Tudo era ilusão hilária. Não existia resposta imediata, só havia desconfiança em relação ao que me cercava.

Talvez um dia algo pudesse acontecer, libertar o grito que todas as pessoas guardam para si. Mas uma coisa tinha certeza, aquele maldito frio jamais iria me ajudar. Mas eu precisava fazer sofrer o corpo para aliviar minha alma. Quando o corpo está em sofrimento, a alma se encolhe um pouco e tudo fica mais fácil administrar. Ela fica mais domável e menos perturbadora.

Ao passo que sonhava com alguma coisa quente, vislumbrava meio de súbito, um farol opaco refletindo em minha direção. Naquela altura da noite, nem de longe poderia imaginar que algo pior poderia acontecer. A esperança é inerente à condição humana. Não raciocinava de forma diferente. Apenas acreditava.

Luzes amarelas, luzes sem brilho, continuavam a vir em minha direção. Quanto mais vinham, mais queria entendê-las na sua formação, no seu sentido literal. Era como se estivessem vivas; aliás, tinham vida, aquilo era vida. Desconhecida, porém, vida. Vida como nossas vidas em que a dúvida prevalece a todo tempo. Tudo aquilo era terrível para eu entender naquele exíguo lapso de tempo, aquelas luzes; as dúvidas, luzes, que vinham em minha direção, como a vida do dia a dia. Pior de tudo, elas não paravam de me ofuscar. Transmitindo mais dúvidas. Deixando-me em um emaranhado sem fim. Por mais que me esforçasse, não conseguia decifrar corretamente naquela noite os reflexos que preponderavam sobre a mansa escuridão. Pedia forças de algum lugar desconhecido, talvez as achasse tão logo pudesse ver quem estava por detrás daqueles faróis.

O barulho do carro também dava o ritmo das minhas dúvidas, ora me perturbava, ora ressoava como um sinal profuso, dando-me a impressão de me sentir em casa. Naqueles instantes, guardava o sonho de sair ileso do covil de serpentes que eu mesmo havia criado. Eu havia criado, cultivado, jogando-me junto dos subterfúgios sem sentido. Entretanto, antes de todo devaneio, precisava entrar novamente no mundo real e descobrir se, de fato, poderia pegar uma carona e seguir com as luzes para me tirar daquele lúgubre lugar. Não sei por qual motivo, mas senti a necessidade vital de seguir junto com as luzes.

Parecia uma eternidade quando fixava minha observação naquele veículo; tudo passava muito lento e os sentidos envoltos na situação se perdiam a cada instante em que eu verificava as características do automóvel. No entanto, não eram somente seus aspectos físicos que chamavam a atenção. Todas as suas nuanças fluíam de forma dispersa, desde às luzes ao ronco cadenciado de seu motor, bem com os barulhos peculiares que o próprio carro produzia diante do asfalto.

Aos poucos, fui notando a sua presença sem a interferência dos faróis ofuscantes, pude começar realmente a descobri-lo. Pedi no fundo de meu coração e implorei silenciosamente para que parasse. Queria estar envolvido com tudo aquilo que estava me cercando, não gostaria que as luzes simplesmente passassem como se eu não fosse absolutamente nada. Fosse um ser invisível. Sabia que tal possibilidade era remota, mas plausível. No fundo queria acreditar que quem estivesse envolto naqueles faróis estivesse na minha condição. Tinha vontade de conversar com alguém, era essa a minha verdadeira vontade. Queria vomitar alguma coisa e ouvir coisas assemelhadas de outra pessoa para ter a convicção que o mundo é mais ou menos igual para todos e ter um pouco mais de certeza de minha relativa igualdade diante das pessoas. Precisava olhar as pessoas como eu me olhava no espelho. Saber que existe sofrimento além de mim. Queria conversar, apenas isso. Não queria continuar me sentindo sozinho. Ser somente uma pedra no caminho. Um nada. Lógico que não poderia deixar de crer que tudo aquilo era delírio, pois carros passavam a todo instante. Aqueles sentimentos contíguos, amorfos e dativos ficaram pairando apenas num lapso muito pequeno, mas estavam vivos e muito fluentes.

Diante de todos aqueles pensamentos sem nexo, mas reais e plausíveis, o carro, para minha grande surpresa, foi parando. Meio sem saber o que fazer vi algo comum, mas na medida que fui me aproximando, visualizei seu formato único, postura imponente e visceralmente elegante. Logo percebi que o silêncio dominava aquele momento. Dentro do carro, como em um sonho que gostaria de sonhar, aquela mulher, despida do peso do homem. Leve, livre e diante de mim. Estava lá em estado absoluto com uma postura séria. Aquela seriedade parecia ironia. Aliás, era a própria ironia. Dava a ideia nítida que queria brincar comigo. Olhava de modo lúdico. Fixava em meu rosto, no fundo de meus olhos, como se eu fosse a coisa mais desprotegida do mundo. Não sabia eu se sentia gratidão ou um medo ilógico. Talvez vergonha por me encontrar naquela condição. Mesmo sendo observado pelo olhar com mania de perfeição, sentia nele uma lívida languidez construída pela distância que havia entre nós. Ela ainda permanecia dentro do carro e eu em pé. Mesmo estando em um plano superior e olhando de baixo para cima, estava me sentindo inferior a ela.

Diante daquela profusão de sentidos, nosso contato seria imediato, inevitável. Face a face exalava uma troca etérea produzida por uma energia desprovida e desprendida de espaço e tempo. Como se tudo tivesse parado. A morte real deve ser assim também, distante, sem referencial.

Das luzes ofuscantes ao brilho daquele olhar, meu espírito tremia, rastejava sem rumo. Tomava caminhos audazes, mesmo me sentido medíocre. Acho que no fundo, estava descobrindo que a minha vontade era o seu desejo. Queríamos ser livres. Voar para o abismo e deixar acontecer aquilo que não seria a lógica, mas o sonho de um lançamento para o nada, mas que teria uma inércia eterna de pura vida em seu grau máximo. Diante desta temerária descoberta, abri um diálogo objetivo e sensato, mas ao seu mais leve olhar misturado com sua voz sutil, não consegui me controlar. Minha reação era acobertada pela minha pobre fragilidade; procurava não deixar transparecer tamanha transcendência. Sabia que era impossível.

Eu já fazia parte daquele olhar, daquela voz maravilhosamente ecoante. Era uma prisão, cercada pela busca imediata de algo maior e melhor. Era tão intensa de forma a parecer o desmoronamento do mundo. Uma sensação nunca sentida antes, porém totalmente previsível. Tinha existência real. Real como minha visão em êxtase dissuadida diante de um rosto com uma expressão segura e calma. Ela dava controle à situação. Eu, sim, estava desorientado, temendo até mesmo o inimaginável.

Já não suportava aquela ânsia incontida, poderia a qualquer momento implodir. Tinha que voltar ao objetivo, à realidade; ao mesmo tempo procurava entender toda a situação delirante. Não conseguia racionalizar fatos, compreender o óbvio. Tudo era turvo. Perdi a noção de referência. Um estorvo intruso tomou conta de tudo. Os sentidos se perdiam em um sentimento tênue e fugaz.

Apesar disso, o aspecto atemporal enveredava rumo ao mundo dos sonhos, rumo a outra dimensão distante, mas neste espaço, a realidade me esperava como o dia espera a noite. Do desespero à lucidez. Isso, lucidez, nunca precisei tanto. Antes de tudo precisava também ficar alerta, atento a um outro plano. Qualitativamente concreto e imensurável.

Notei no ínterim de minha loucura que estava sendo percebido, isso me fez acordar e reagir. Parei, voltei a mim e novamente retomei o diálogo. Poderia ser absurdo, no entanto a situação estava sob controle. Logo vi que nem tudo estava perdido; uma lucarna na escuridão me iluminou...

Ela falava pouco e pausadamente. Suas palavras ressoavam da mesma forma que o vento soprava a madrugada. Não. Não era tão fria, tornou-se cálida. Falou acerca da coincidência de termos nos encontrado naquele local e, no ínterim de nossa conversa, reafirmou algumas coisas acerca de suas necessidades e sentimento de insegurança. Senti que o seu caminho poderia seguir junto ao meu para haver um fortalecimento comum. Senti que ela precisava daquilo. Eu poderia oferecer aquilo que ela queria e necessitava. Minha convicção foi muito real e tudo isso me fez sentir vivo e forte para continuar a minha verdadeira busca e, quem sabe, atingir a compreensão de tudo que sempre quis.

Convidou-me a entrar em seu carro e acelerou noite adentro. Agora tinha outra visão daqueles faróis. Eles me iluminavam ao invés de ofuscar-me, davam direção a meus pensamentos. Conduzia a química do instante.

Sabia que tudo poderia ser efêmero, tal como nos sonhos. Levando em conta ainda que, no meio da turbulência, suas palavras se tornavam para mim transmissões translúcidas. Elas tiravam-me da sintonia do momento. Na vasta visão ilusória tinha pena da minha pessoa, estava perdido e além de tudo, estava sendo conduzido pela minha própria razão de perda, mas estava vivo e querendo fortaleza. Acreditava que quando amanhecesse o dia, eu poderia retomar a consciência e voltar ao passado e me recompor frente ao passado próximo. Tinha medo de continuar naquele estado de veemente apreensão masoquista, não me aclimava a ele, pois parecia que estava gostando de me sentir no mundo do desconhecido. Entretanto, tinha temor. Acho que precisava descobri-lo e por isso, por uma questão de necessidade vital, procurava-me enquadrar dentro do ambiente absolutamente tentador e hostil. Pressentia que aquela maravilhosa sensação poderia causar-me consequências maléficas irreparáveis. Mas tinha que arriscar, minha intuição sempre me mostrou que viver é realmente algo perigoso e, mais do que nunca, estava vivendo. Vivendo em seu auge, apogeu, como jamais tinha vivido antes. Vivendo perigosamente, tendo a cara e a coragem para enfrentar todas as intempéries dos sentidos.

O ser humano comum precisa passar por esse túnel em que a luz apenas mostra a existência de uma saída. Se essa é boa ou não, só chegando, buscando a luz, o outro lado de tudo, mesmo que não valha a pena. Quem não tem coragem para buscar, jamais se perdoa.

Mister se faz buscar incessantemente a saída. A procura engrandece a alma dos comuns, lógico que os medíocres também têm necessidade de sorvê-la. Talvez as palavras ditas por ela, dar-me-iam alguma solução. Solução paliativa, temporária, porém, solução.

E na medida que o tempo foi passando, nossa conversa foi se tornando mais coerente. As palavras não tinham importância, já que um aspecto impregnado de desejos nascia junto com o dia que estava por nascer e destruía qualquer coisa contrária àquele sentimento. Não existiam palavras explícitas, a comunicação deslizava normalmente. Eu tendo as minhas interpretações, ela tendo as dela, havia uma integração. Mesmo perturbado, tudo naquele momento estava sob controle.

Uma sensação de poder e pavor tomou conta, poder de sonhar em querer e pavor de poder perder. Era um dilema constante e nebuloso. Havia momentos de parábolas descendentes, ascendentes e vice-versa. Imensurável dentro do mundo quadrado da matemática e algoz no âmbito da percepção humana leiga.

Quando ela parou em frente a minha casa, pus um ponto final a uma situação e dei início a outro começo. Princípio de descobertas e compreensão. Em razão disso quase tudo havia sido refeito em minha vida. Em poucos momentos, tudo mudou no sentido de entender o porquê de uma série de coisas antes nunca compreendidas e imaginadas. Pobre ser humano, ao seu redor a existência passa e esvai-se sem ao menos poder sentir o prazer da vida na sua forma integral. Comecei a entender o passado sentindo o presente e vislumbrando o futuro. O seu olhar dizia-me muitas coisas, fazendo com que pudesse acreditar no destino. Deixou-me esquecer do homem, nem me importava com ele.

Não havia como negá-lo, aquele era um tipo de sentimento aliado ao desespero. Mas existia algo grandioso, a esperança no fundo do coração. Essa fazia parte, era inerente, uma solução dada por Deus àqueles que se perdem diante de uma sensação tão fantástica que se torna incompreensível no mundo da lógica humana. Não sei se o ser racional conseguiu dar nome a esse sentimento, mas descrevê-lo é impossível. Muita complexidade para pouca percepção. Sua existência é real, às vezes, ele se camufla em outros sentimentos. Sinestesia pura.

Desci do carro, despedi-me calmamente como se nada tivesse acontecido. De fato nada aconteceu, mas os moinhos de vento estavam presentes em minhas ideias, tinham existência verdadeira. Ela soberba, dona de si, apenas fixava seu olhar em mim e perguntava sobre o futuro. Queria novamente me encontrar. Mas, tristemente, mudando o tom da voz, alertou-me acerca da real possibilidade de não podermos mais nos encontrar, pois tinha grande temor em ser descoberta pela criatura maldita. Após meu distrato, ele não queria que tivéssemos contato. Ela não quis falar sobre isso e eu, por uma covardia ridícula, também não fiz qualquer tipo de pressão para saber os reais motivos de toda aquela situação. Já havia motivos demais para ter a noção de quanto ele gostaria que ficássemos distantes. Não gostaria de complicar ainda mais os meus pensamentos e fragilizar a minha quase fortaleza. Lutava para preservar a minha quimera. Além do mais, ela, eu sentia, não queria falar abertamente acerca de coisas que acho que iam muito além de todas as nossas conversas. Sentia-me sufocado somente pelo simples fato de ter que questionar tudo de novo. Naquele momento de deleite, não queria olhar para o lado sórdido da vida. Estava vislumbrando a luz, não queria olhar para as trevas. Queria apenas que o nosso novo encontro fosse mais real ainda.

Eu voltei toda a minha força para o lado ingênuo de meus sentimentos e procurei ficar com uma sensação de que as nossas palavras seriam alongadas de outra forma e um outro lugar em um tempo muito próximo. Não queria tempo distante, não queria esperar muito, mas queria intensidade e, por isso, naquele instante não ousaria em avançar rumo ao futuro. Gostaria que ela também buscasse uma intensidade maior. Quanto mais pressão, mais maravilhoso seria o novo encontro. Se houvesse. Triste e verdadeiro dilema. Mas voltando para meu lado otimista, fiquei acreditando que estávamos apenas aguardando o momento mais correto e distante dos problemas que existiam. Era isso que eu sentia, mesmo diante de todas as minhas fragilidades. Minha intuição me dizia que eu estava correto. Bastava ter calma. O caminho estava livre. O futuro, naquele momento, era absolutamente real. Talvez pela primeira vez pudesse acreditar no futuro a ponto de planejá-lo mesmo no mundo quimérico. Mesmo assim, não sabia se dava asas à imaginação ou se me trancava a fim de não arriscar a sofrer. Era o preço da busca; a felicidade tem seu preço cruel. Para alcançá-la é necessário arriscar passar por situações de absoluto constrangimento. Risco total diante das incertezas que cercam o caminho da lucidez.

Ao sair rapidamente, ela afirmou que deveríamos nos encontrar à noite e nossos olhares se cruzaram pela última vez. Estava ébrio, estático, mas feliz, esperançoso. Mas no fundo de meu coração ainda havia aquele sentimento agônico que sempre me perseguia. Acho que nunca consegui fugir dele. O amaldiçoado sempre foi meu maior companheiro. Péssimo companheiro, mas um forte companheiro. Um covarde gosta de acompanhar outro. Eles não têm rumo, precisam ficar juntos para dissipar o medo imanente. Malditos sejam eles.

CAPÍTULO XIII

Amanheceu e o entardecer chegou

Havia amanhecido, continuava a lembrar daquela situação da madrugada; lembrava de sua face tanto no passado meio remoto quanto naquela quase manhã. Nunca poderia imaginar que os rumos pudessem se encontrar de forma tão inusitada. Tão sem lógica. Inesperado, este era o sentido da situação que tinha me enquadrado. Antes e depois. Antes apenas algo onírico. Depois uma devastadora realidade maravilhosa. Incrível, o mundo dá voltas. Os sentidos também. Loucura. Sentia-me louco para continuar tentando viver como sempre sonhei sem saber direito os seus verdadeiros sentidos. Sonhava o desconhecido que era por demais complexo para mim. Sei que naqueles momentos estava em situação anômala, mas era isso que sempre havia buscado. Uma busca inconsciente sem ao menos ter um rumo certo. Sem conhecer o seu verdadeiro objeto. Sempre fui um grande ignorante. Pelo menos, para meu próprio consolo, tinha essa noção.

As maldições tinham que ir para o inferno. Estava no dilema do céu e do inferno, mas eu queria o céu, apenas ele, pois era a lucidez tão sonhada que estava ali, não poderia perdê-la. Deus, quanta plenitude pode ser vivida, mesmo em um simples pensamento. Não sabia se explodia de satisfação por ter tido tanta segurança dentro daquele mar revolto, mesmo sendo quem eu sempre fui. Não gostaria de ficar apenas olhando a calmaria da lagoa mansa e pacífica, gostaria de enfrentar a turbulência das ondas. Queria me afogar para sempre naquele oceano e fazer parte dele para sempre. Ser uno como o universo.

Um raio, um trovão, pode mudar muita vida, um sentimento também. As lógicas das coisas, muitas vezes, saem do inesperado. As grandes ideias fluem do frívolo. Nem sempre do suor se constrói o mundo. Nem sempre da dor e persistência são criadas as belas coisas.

Apesar de tudo e de um bem-sucedido sentimento imediato e lúcido, continuava a sentir frio, mas o frio era diferente daquele que havia sentido anteriormente no meio da madrugada. Agora, o frio estava mesclado com um sentimento desconexo. Na realidade, eram as coisas em comum que havia entre o frio e os meus pensamentos. Um estava ajudando o outro a entender o sentido das coisas.

Porém, não queria pensar tanto, estava muito exausto para filosofar; deixei apenas que os meus sentimentos tomassem os rumos de seu natural destino, não os questionava, apenas os sentia no seu mundo.

O dia começava e eu ainda não podia esquecer aquele acontecimento próximo, acho que realmente os moinhos de vento ainda estavam atuando de forma constante e implacável. Não adiantava a luz da manhã, era como se a escuridão se estendesse dia adentro. Entrei em meu quarto e ali percebi que a noite não tinha ido embora, sentia uma efêmera utopia no ar. Utopia oriunda daquela madrugada fria.

Queria entender uma situação oriunda de algo que eu não entendia, procurava a razão daquela angústia e descoberta incessante e desvairada que me tomava conta. Não tinha controle sobre nada, era um autômato perdido no tempo e no espaço, sentia alguma coisa flutuante no ar; talvez fosse um aviso para desistir de tudo, poderia estar fazendo mal a mim ou a alguém.

Meus pensamentos vagavam sem rumo, não tinham direção, apenas procurava entender o porquê da noite de tantas conclusões sem norte. Mesmo a madrugada tendo ido embora e o dia tomado conta de tudo, não entendia este ciclo; apenas imaginava que tudo continuava estático, em estado caótico como tinha sido a minha madrugada.

Mas o dia predominava, precisava recuperar o sono perdido, uma coisa além de minha condição humana, quase humana. Não tinha controle sobre ela.

E a descoberta ainda me levava à maldita dúvida de minha pobre alma, não sabia, não entendia se deveria ou não dar impulso à imaginação. Procurava-se a grandeza do ser de modo objetivo frente àquela descoberta ou continuava na mediocridade da covardia.

Minha intuição dizia que alguma coisa poderia acontecer, tinha que insistir, buscar sem perdão e medo. Mas na realidade, não era somente o medo que perturbava, era o desconhecido e o sentimento de prisão que pairava no ar.

O dia já havia tomado conta de tudo e o ciclo da vida começava a retomar seu caminho natural. Eu tentando quase que desesperadamente seguir o seu ritmo. Felizmente, consegui dormir um pouco. Após um sono fugaz, fui me recompondo da noite anterior, da madrugada também. Não sabia se havia sido sonho ou realidade, estava meio grogue, buscava respostas e não conseguia. Talvez não devesse buscá-las, elas viriam por uma questão de lógica. Não precisava temê-las, apenas deveria acatá-las sem maiores questionamentos. No mundo da intuição, seu local comum, as respostas já estão prontas.

De fato, eu consegui acordar e vislumbrar que realmente ocorreu alguma coisa fora dos padrões normais. Ainda estava meio cansado, mas tinha essa convicção, essa certeza, mas como era algo novo, procurava com cuidado entender o novo rumo.

Já estava incorporado neste caminho, definitivamente, eu o assumi com todas as minhas forças. O medo existia, mas a esperança dava-me o alento necessário para continuar caminhando em busca do desconhecido. Planos não existiam, somente a certeza de ir em frente por meio de uma dádiva dada à minha alma. Todos têm essa força inerente ao ser humano. Essa energia propulsora da vida nos leva ao topo do universo. Uma coisa é certa, ela era muito grandiosa e sua fortaleza tinha vida real.

Através de tudo isso, comecei a buscar a ilusão. Logo a tarde viria e com ela a vontade de renascer nos sonhos da madrugada. Foi exatamente isso que senti, renascimento. Vontade de renovação. Mais do que nunca eu precisava disso. Impreterivelmente ela chegaria e, com ela, a magia seria criada em torno de seu lado devastador.

Estava convicto que poderia seguir aquele caminho. Havia combinado que no final daquele mesmo dia me encontraria novamente com aquela criatura maravilhosa. Precisávamos conversar de modo mais objetivo e sem meio termo. Precisava demonstrar cabalmente que eu precisava mais de sua ajuda do que ela da minha. Precisava dizer bem alto que talvez pudéssemos nos ajudar reciprocamente. Queríamos unidade. Queria vê-la liberta daquele ser e queria sentir a plenitude em seu apogeu. Precisava ajudá-la para ser ajudado. Só isso. Não sonhava muito, apenas isso, uma coisa bem simples.

Fiquei contando os minutos para ver se o tempo passava mais célere. Não me cansava de olhar o relógio, não me cansava de observar o Sol para ver se ele estava indo embora. Estava eufórico para chegar o entardecer. Queria ver o Sol se pôr como nunca havia visto antes. Para mim aquilo significaria uma nova etapa, um começo e quem sabe a compreensão de tudo que sempre busquei em meus caminhos tortuosos. Não teria medo de olhar em seu centro, para o seu brilho, não iria queimar a minha alma. Não tinha medo de ter melancolia com aquele magnífico fim de tarde. Desta vez, eu iria glorificar a penumbra da noite como nunca tinha feito. Estava ansioso como uma criança. Como era bom sentir o lado criança novamente. Ter ingenuidade e acreditar com o coração aberto. Isso é uma dádiva da natureza. É uma dádiva de Deus.

O tempo estava se esgotando e eu criando meu covil de ilusões. Apesar de tudo, ainda estava com medo de que tudo pudesse dar errado. Não demonstrar força para ajudá-la e não demonstrar equilíbrio para me manter em condições de achar o meu melhor caminho.

Já era quase noite e estava alerta à sua espera e logo me dirigi para o lugar marcado. Quando cheguei, não gostaria de continuar ali sozinho. Aquele local me dava uma profunda sensação de prisão, não pelo fato de ser algo estreito e apertado. Lá era absolutamente aberto; uma enorme praça com muitos transeuntes, bem no meio do coração da cidade. Um local de trânsito e passeio. Alguns andavam bem rápidos e outros apenas observavam o nada. Não era meu caso. Estava parado, mas meus pensamentos andavam muito mais rápido que os passos apressados daquelas pessoas. Resolvi concentrar-me em coisas mais afáveis e me sentei à espera daquilo que poderia ser um começo de um melhor entendimento de todo um vazio que explodia diariamente em minha alma.

Não sabia que a espera seria tão duradoura. O tempo não fluía e os meus medos começavam a me atormentar. O tempo havia se tornado a própria eternidade congelada. Triste realidade, mas estava no embate de sempre. Coragem e medo estavam se digladiando ferozmente. Estava ficando novamente inseguro e logo comecei a repensar a minha vida em toda a sua trajetória sem sentido e, por um lapso de tempo, não sabia ao certo o motivo pelo qual estava ali sentado observando as pessoas. Fiquei perdido e nada fazia sentido. Não tinha um norte e lembrava que a minha vida não era mais aquela na qual eu estava lembrando. O filme do passado não condizia com o meu presente. Senti que não fazia parte daquele ambiente e estava distante daquele mundo. Queria voltar, a vida valia a pena e eu precisava voltar. Ela iria chegar a qualquer momento e, para tanto, eu precisava voltar a minha vida para poder compartilhar tudo com alguém. Queria dividir todos os louros da vida. Eles não poderiam apenas me pertencer, queria doar para alguém. Precisava fazer isso e entregar a minha própria vida a ela. Só isso, queria entregar a minha própria vida para poder viver melhor. Entregar a minha alma, atingir a verdadeira comunhão entre dois seres. Não poderia simplesmente ficar vendo o filme passar, necessitava retomar o meu caminho e seguir o rumo que havia sido traçado.

Quando estava tentando me acalmar diante daqueles pensamentos nefastos e sujos que estavam surgindo, sentou ao meu lado de súbito uma pessoa que tinha características conhecidas, olhei meio de relance e percebi que de fato conhecia aquele ser de algum lugar. De plano comecei a ficar incomodado com aquela situação. Ora, em um momento tão importante, não gostaria de ter alguém bisbilhotando a minha vida, não gostaria de conversar com ninguém naquele momento, exceção à criatura, a qual estava esperando. Não sabia se lhe dirigia a palavra ou esperava que fosse embora. Fiquei, como sempre, em um dilema.

De qualquer forma não gostaria, em hipótese alguma, que aquela pessoa pudesse ficar ao meu lado quando ela chegasse. Isso não era admissível. Não aceitaria essa possibilidade. Na verdade, aquilo passou a me irritar profundamente. Lógico que tal pessoa, talvez, nem mesmo me conhecesse, mas a minha impressão naquele momento foi de ter ao meu lado uma pessoa para me causar constragimento e atrapalhar meus planos e anseios. Passou imediatamente em mim um desejo de pura e simplesmente levantar e sair daquele local e ficar um pouco distante, mas dentro do campo visual a fim de poder vê-la chegar. No instante em que já estava quase tomando tal atitude, uma sensação horrorosa encarnou em mim. Coisa estranha e funesta, sensação de paralisia e fraqueza. Uma morte lenta deve ter o mesmo tom. Não sabia o que deveria fazer, fiquei perdido e não tive forças para me levantar, não tive forças para dizer algo. Não tive coragem de olhar na pessoa ao meu lado e encará-la. Senti dentro de minhas entranhas que a pessoa que ali estava era o próprio homem, o próprio maldito, o Demônio. Os meus medos e as minhas fraquezas estavam com suas grades de aço colocando-me no meu claustro sem fim. Colocaram-me em meu lugar de sempre. Colocaram-me no âmbito da covardia. Meu pódio. Estava preso e sem forças para lutar. Voltei a ser nada.

Todo o seu lado sombrio e a força daquele ser maldito estavam lá. Ele continuava impávido, tinha úma feição aparentemente leve, mas aquilo não me enganava. Estava muito concentrado. Fiquei pensando quantas indagações poderia haver naquela mente sórdida. Sei que estava me testando, estava apenas esperando o momento mais exato para me dirigir a palavra e dizer alguma coisa muito desagradável. Fosse como fosse, tudo que dissesse não me ajudaria muito, mas muito me perturbaria. Não tinha força alguma para enfrentá-lo. Eu era uma pressa sem reação. Estava morto como de fato estava. Apenas isso, estava morto. Os mortos não têm reações. Já estava me sentindo parte daqueles que se foram. Talvez já estivesse ido. Nem mesmo tal resposta eu tinha com convicção. Aliás, respostas convictas nunca fizeram parte de mim e não seria naquele instante que poderia tê-las. Não entendi como não pude perceber tudo aquilo, estava tão óbvio. Senti que meus sentidos me traíram terrivelmente. Estava tão atordoado que já estava me confundindo com ele mesmo. Talvez ele fosse meu próprio espelho, meu reflexo.

Não entendia quase nada. Éramos um só. Era meu verdadeiro intruso. Minha verdadeira realidade. Era tudo que tinha. Notava que talvez já não mais tivesse a percepção dos vivos. A clareza havia ido embora de mim. Enquanto isso, aquele sentimento imundo de fraqueza estava ali junto, impregnado no meu peito. Esse não havia ido embora, sempre me acompanhou e não seria naquele momento que iria me deixar.

Diante de tanta loucura, não pude deixar de observar que o homem estava como sempre muito elegante. Havia sentado como um mero desconhecido e como se eu não fosse ninguém para ele. Não me dirigiu a palavra e nem mesmo olhou para mim. Apenas ficou ali, observando as pessoas que por ali passavam. Olhava longe e tinha um olhar perdido. Sei que não olhava em meus olhos, mas eu os sentia. Pelo menos, o sofrimento não havia sido imediato e naqueles momentos iniciais, eu sabia exatamente como estava olhando e o maldito ainda continuava ao meu lado atormentando a minha miserável e atordoada vida.

Do susto passei para o estado fleumático. Senti uma grande derrota em meu coração. Tinha perdido, apenas isso eu tinha certeza. Tudo que havia procurado, não tinha alcançado. Um covarde ignorante não pode alcançar a glória. Eu não poderia alcançá-la, não tinha estrutura para tanto.

Naqueles momentos, não sabia se lhe dirigia a palavra ou se simplesmente saía e o deixava parado ali. Não tinha muita noção de sua reação. Somente tinha certeza de uma coisa, a criatura divina não viria ao meu encontro em hipótese alguma, pois quem veio foi a sua sombra. A sua ilusão, a minha ilusão. Quem veio foram os meus medos e os pesadelos; seu chefe, meu chefe. Seu maldito dono, minha bendita benevolência diante de minha covardia. Eles vieram apenas para segurar a alça de meu caixão. Sempre me acompanharam e não seria naquele momento tão importante que iriam me deixar, seria a mais pura ingenuidade imaginar os meus monstros me deixando em paz. Eles vieram para escorraçar a minha alma e destruir o último fio de minha vida. Eles queriam me mostrar todo o meu lado vulnerável e desajustado. Eles me destruíram com vontade, eu me destruí sem perdão. Não tive piedade de mim.

Quando comecei a repensar aquela verdade, lamentavelmente, tive uma grande lucidez. Senti que eu era apenas uma sombra sem vida. Não quis enfrentar o óbvio, essa era a verdade. Não tive reação, pois não tinha vida e não tendo vida, nem mesmo poderia estar ali. As coisas foram ficando bastante evidentes. Tudo que havia acontecido comigo em um passado muito próximo ficou sem nexo. Tudo perdeu o sentido. Não tive mais ânimo e o sofrimento que tanto me acompanhou durante toda a minha vida estava muito distante de mim naquele instante. Estava neutro. Tudo perdeu a cor e o mundo ficou cinza. Mas aquele homem continuava com seu brilho bem ao meu lado. O sentimento de repulsa foi dissipado e nem mesmo aquela presença estava me perturbando.

Tudo de fato era muito louco, estava esperando a glória e, do nada, o barco tomou o rumo dos meus medos. Pensei firmemente em falar ao homem alguma coisa para ver se algo pudesse acontecer. Pudesse mudar o rumo, mas nem isso tinha força, ou melhor, ânimo, vontade. Havia perdido tudo, estava como uma pluma que segue o caminho do vento e não luta contra nada; que apenas se deixa flutuar ao léu. Entreguei-me, chega; estava, como sempre, cansado. Desisti de tudo. Não era dono de minha vontade e nem mesmo dono de meus sofrimentos. Não era nada. Isso que eu era. Nada. Absolutamente nada. Vácuo. Conjunto vazio.

Aquela era a coisa mais nítida que eu havia sentido, mais lógica e coerente, durante toda a minha porca existência. Nunca imaginei que a ausência de sofrimento e de esperança fosse algo tão estático. Tão insosso.

Diante daquela clara visão, da verdadeira lucidez, o homem virou-se para mim e ficou me observando. Não olhava em meus olhos, mas apenas se fixava em minha face. Eu não tinha mais medo ou raiva, por isso, nem mesmo importaria, caso ele olhasse em meus olhos. Não faria a mínima diferença. Tinha perdido e isso também não fazia muito sentido. Apenas sabia de um fato, não me importava com ele. Coisas do passado que eram próximas se tornaram extremamente distantes e seus sentimentos anteriores não me afetavam em nada e não seria um olhar em meus olhos que iria fazer alguma diferença. Tinha perdido, bastava saber isso para, pelo menos, entender aquilo que havia acontecido.

Sabia claramente que, de fato, estava sem vida. Não bastasse isso, o homem, adivinhando meus sentimentos, falou de modo bem retórico e bastante lento, porém harmônico: - "Você perdeu!" Quando ele falou aquilo para mim, achei que havia adivinhado meus pensamentos, mas não adivinhou nada. A voz era a própria ressonância de minha alma. Era a minha própria voz em um tom real e objetivo, mas que não ecoava simplesmente, ela flutuava lá no passado e vinha ao meu presente dissipando resumidamente os meus fracassos. Era o encontro da maldita verdade com um derrotado.

Enquanto aquela frase ficava repetindo como uma batida de um incansável monjolo, eu continuava visualizando a minha vida, passava lenta. Algumas coisas com sentido e outras vagavam sem muita direção. Lembrava de coisas banais e sentia os cheiros de minha infância e adolescência. Apenas escorriam, escorriam e ficavam mais tênues, leves e fugazes. Pesado e lento. Tudo era inundado sob todos os ângulos de minha vida efêmera e vazia, transbordava e mal cheirava ao mesmo tempo em que ia sentindo um grande alívio de um sonho vivo, de um sono bom. O entardecer da minha vida e daquele dia haviam chegado e a escuridão começava a dar o tom forte de sua cor. Espalhava-se contra o Sol e resgatava o seu espaço. Voltaria ao início, ao absoluto. O pacto foi cumprido, mas fora de seu tempo.

Sei que minha vida não teve uma vereda certa. Não teve sentido claro. Foi turva e desconexa e naquele momento continuava meio assim, mas com mais ênfase. Eu não entendia ao certo aquela circunstância, mas um suspiro final estava chegando com muita energia. Também não queria procurar entender aquilo, deixei que viesse. No fundo tinha plena convicção que o fim realmente havia chegado e o tempo de buscas terminado. Pelo menos, tanta luta rumo à compreensão que acabei por descobri-la, mas não pude vislumbrá-la. Não fui merecedor desse mérito, a minha falsa autossuficiência foi maior e me cegou para a glória. Tive tanto medo de ser comum que não consegui ver o simples, e o mais triste foi o fato dele ter estado ao meu lado por várias vezes em minha vida. Um consolo ficou, não continuei tão ignorante. Sabia que minha busca tinha acabado, havia sentido a compreensão e visto a glória, mas não as vivi. Não tive vida. Talvez a morte seja uma dádiva, um mero esquecimento da dor.

– "Você perdeu!"